Aves
ARGENTINAS

ARGENTINE BIRDS

Este libro cuenta con el auspicio de

AVES ARGENTINAS
Asociación Ornitológica del Plata

BirdLife
INTERNATIONAL

Aves ARGENTINAS

ARGENTINE BIRDS

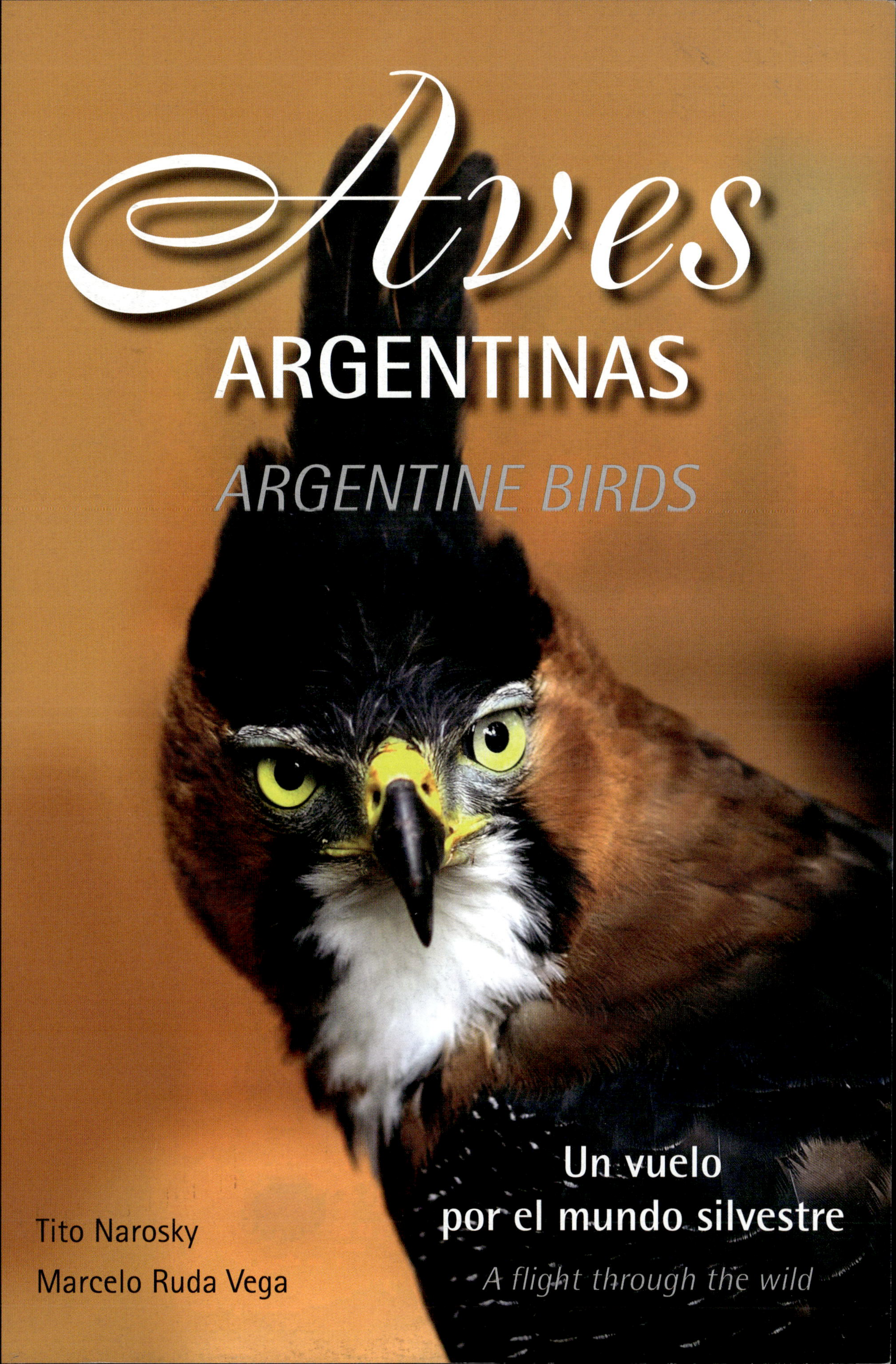

Un vuelo por el mundo silvestre

A flight through the wild

Tito Narosky

Marcelo Ruda Vega

EDITORIAL ALBATROS

Edición/*Edited by*: Cecilia Repetti
Dirección de arte/*Art Direction*: Jorge Deverill
Fotografía/*Photography*: Marcelo Ruda Vega
Santiago Imberti (SI): págs. 10, 11, 12, 13, 14, 15, 21, 22, 25, 27, 29, 31, 32, 33, 56, 57, 59, 69, 83, 91, 92, 93, 97, 98.
Hernán Rodríguez Goñi (HRG): pág. 77.
Reginaldo Lejarraga (RL): pág. 117.
Roberto Güller (RG): págs. 121, 122, 123, 147, 149, 150, 165, 169.
Revisión fotográfica/*Photographic revision*: Silvia Vitale
Traducción/*Translated by*: Silvina Merlos
Revisión de traducción/*Translation revision*: Alec Earnshaw

Foto de tapa/*Cover photo*: Águila Crestuda Real-*Spizaetus ornatus Ornate Hawk-Eagle.*
Páginas/*pages* 4-5: Bandurria Austral - *Theristicus melanopis* - *Black-faced Ibis*; 6-7: Cigüeña Americana - *Ciconia maguari* - *Maguari Stork;* 8-9: Árbol de biguaes - *Phalacrocorax olivaceus* - *Neotropic Cormorant.*

AVES ARGENTINAS, UN VUELO POR EL MUNDO SILVESTRE
ARGENTINE BIRDS, A FLIGHT THROUGH THE WILD
1ª edición/*1° edition* - 1ª reimpresión/*1°reprinted* -1500 ejemplares/*copies*
Impreso en/*Printed at* Gráfica Pinter
Diógenes Taborda 48 - Buenos Aires
Febrero/*February* 2012

J. Salguero 2745 5º - 51 (1425)
Buenos Aires - República Argentina
E-mail: info@albatros.com.ar
www.albatros.com.ar

ISBN 978-950-24-1246-7

Ruda Vega, Marcelo
Aves argentinas / Marcelo Ruda Vega y Tito Narosky. - 1a ed. 1a reimp. - Buenos Aires : Albatros, 2012.
192 p. ; 21x26 cm.
ISBN 978-950-24-1246-7
1. Aves. I. Tito Narosky II. Título
CDD 598

Contenido
Contents

For The Preservation of Life

I was dozing, and my sleep took me to an idyllic landscape where nature was humming, polychromatic and scented, where I quenched my thirst in crystal-clear streams and fed on the tasty fruits of the forest. Birds and butterflies guided my way during the day, while glow-worms and fireflies awaited to lighten up the night.

I awoke. The world in all its reality was grey and unfair; I felt the hurting hunger of millions and saw inequality splashing about in streets full of pollution, smelling of waste and immersed in the poisonous smoke of a thousand chimneys. I noticed that the original rainforest was making room for profitable export crops, that the plains were turning into deserts and that the vastness of the sea was being lessened through of the degradation of its waters, injured with oil and impudence. I watched how animals, our partners along the magical path of life, were being cornered into the wretched spaces that greed had not yet impounded.

Then I closed my eyes again, not to dream, but rather to see no further. It was a possible way out, but doing so filled me with shame. The idea of escaping the problem made me feel guilty. That was when the telephone rang.

Marcelo Ruda Vega, a distinguished bird photographer, was proposing a different dream. He wanted his illustrations and my texts to speak on behalf of Argentine birds. He wanted us to make a book, a witness to that multi-colour feathered world where singing is the only form of complaint. I was glad. The project proved that there are still hopeful human beings about, and that as long as they exist, there will be hope.

So here is the result, and we can now reflect on what had been only a wish. We do not want this flight through the wild to be a showcase of what our birds were once like – part of a paradise from which we were not excluded, but from which we are excluding ourselves. Our contribution is aimed at making that barren moor grow green again. Our testimony is not about weeping over an Eden bursting with wonders which we knew not how to care for. One from which we have eaten the apple and then cut down the tree.

The aim of our message is optimism, but not at a naive kind of optimism. We know that only through the firm action of all can we save what these exceptional photographs show, as well as much more that, obviously, could not be included.

This new dream is aimed at that joint effort.

For the preservation of life.

Tito Narosky

Para conservar la vida

Dormitaba, y el sueño me acogió en un paisaje idílico, donde la naturaleza bullía policroma y perfumada; donde saciaba la sed en cristalinos arroyos, y mi apetito con los sabrosos frutos del bosque. Aves y mariposas guiaban mi sendero diurno, mientras esperaban luciérnagas y cocuyos para iluminar la noche.

Desperté. El mundo en esta realidad era gris e injusto; sentí hiriente el hambre de millones y vi la desigualdad chapoteando por calles ahítas de polución, aromatizadas por desechos e inmersas en el venenoso humo de mil chimeneas. Noté que la selva original dejaba lugar a utilitarios cultivos de exportación, que la llanura se volvía desierto y que la inmensidad del mar se empequeñecía por la degradación de sus aguas, heridas de petróleo y desvergüenza. Contemplé cómo los animales, nuestros compañeros en la mágica ruta de la vida, eran arrinconados en los míseros espacios, que aún no había podido alcanzar la codicia.

Entonces cerré de nuevo los ojos, no ya para soñar sino, simplemente, para no ver. Era una posibilidad, pero me avergonzó. La sola idea de huir me hizo sentir culpable.

Fue cuando sonó el teléfono.

Marcelo Ruda Vega, eximio fotógrafo de aves, me proponía otro sueño. Quería que sus ilustraciones y mis textos, hablasen por los pájaros de la Argentina. Que hiciésemos un libro, testigo de ese mundo emplumado y multicolor, que sólo puede quejarse cantando.

Me alegré. El proyecto probaba que todavía hay humanos esperanzados y, mientras los haya, habrá esperanza.

He aquí lo logrado. Ahora nuestra aspiración. Queremos que este vuelo por el mundo silvestre, no se utilice para mostrar cómo fueron nuestras aves, integrantes de un paraíso del que no nos excluyeron, pero sí del que nos estamos excluyendo. Nuestro aporte intenta que ese páramo reverdezca. No testimoniamos para llorar por un edén pletórico de sugerencias, que no supimos cuidar. Del que nos comimos la manzana y luego talamos el árbol.

El mensaje apunta al optimismo, pero no a un optimismo infantil. Sabemos que sólo la acción decidida de todos puede salvar lo que estas excepcionales fotografías muestran y lo mucho que, por lógica, no puede ser mostrado.

A esa acción mancomunada apunta nuestro nuevo sueño. Para la conservación de la vida.

Tito Narosky

A la generosa capacidad de Alec Earnshaw y a su inusual calidad de hombre.
Many thanks to Alec Earnshaw for generously contributing towards the translation into English.

Tito Narosky

A mi familia, que me ha dado tanto amor e inmensas satisfacciones. A la profesión de médico y al hobby de la fotografía, que me llevaron por el mundo. A la vida...
To my family, for all the love and satisfaction they have given me. To the medical profession and photography hobby, for taking me across the world. To life...

Marcelo Ruda Vega

Agradecimientos
A Alec Earnshaw, que le dió estilo a la traducción.
A Silvia Vitale que revisó prolijamente todas las fotografías originales, muchas de ellas obtenidas con película de 35 mm.
A Santiago Imberti (SI), fotógrafo y guía profesional de Antártida y Patagonia.
A Roberto Güller (RG), Reginaldo Lejarraga (RL) y a Hernán Rodríguez Goñi (HRG) que aportaron fotografías de aves emblemáticas, identificadas con sus iniciales.

Many thanks...
To Alec Earnshaw for his contribution revising the translation.
To Silvia Vitale who carefully revised all the original photos, many of them obtained with 35 mm film.
To Santiago Imberti (SI), the photographer and professional guide for the Antarctic and Patagonia.
To Roberto Güller (RG), Reginaldo Lejarraga (RL) and Hernán Rodríguez Goñi (HRG), who contributed photos of emblematic species. These are marked with their initials.

A las AVES ARGENTINAS las componen 24 órdenes, divididos en 82 familias, que abarcan unas 1000 especies.

Aquí las 82 familias se diagramaron agrupando algunas, que en nuestro país, están representadas por pocas especies.

In Argentina there are 24 orders, in turn divided into 82 families, which cover around 1,000 species.

The 82 families have in some cases been merged here, when they comprise only a handful of species.

Señores de frac

Gentelmen in tailcoats

Familia SPHENISCIDAE

Pingüinos: 8 especies en la Argentina, 17 en el mundo. Sólo en el hemisferio sur.
Penguins: 8 species in Argentina, 17 worldwide. Only found in the southern hemisphere.

Identificación

Cuando llegan a la costa, agotados, enfermos o para nidificar en grandes colonias, son inconfundibles, más por su bamboleante andar erguido, que por su colorido blanquinegro, a menudo, con una nota de color. En el mar es difícil su identificación porque nadan muy hundidos, y a menudo bucean. Muestran un plumaje sedoso como piel, las alas modificadas en aletas, cola corta y rígida, patas y cuello cortos y robusto pico. Los Pingüinos Rey y Emperador poseen pico más bien fino, largo y curvo, y bonito colorido con dorso gris celeste y áreas anaranjadas en cuello y pico. Los destaca también su porte. El Emperador mide cerca de 1 m, y el Rey, 75 cm. Los demás oscilan en los 45 cm.
El común Pingüino Patagónico es negro, con todo lo inferior y una línea rodeándole la cara, blancos.

Identification

When they land ashore, exhausted, ill or ready to nest in large colonies, they are unmistakable, more so by their upright waddle than from their black and white pattern, which often has a touch of colour. It is difficult to identify them in the sea as they swim partly submerged, diving often. Their plumage is silky, their wings have become flippers, and they have a short and stiff tail, short legs and neck, and a sturdy bill. The Emperor and King Penguins have a long thin curved bill and attractive colours, with a bluish-grey back and some orange on their neck and bill. They also stand out because of their stature. The Emperor Penguin is over 3 ft tall, whereas the King Penguin is 2 1/2 ft tall. The rest of them are around 18 inches tall. The common Magellanic Penguin is black with a white line around its face and white underparts.

Distribución y hábitat

Viven en el Atlántico Sur y en aguas antárticas y subantárticas. Llegan para nidificar a islas australes y a la costa. Una excepción, el Emperador cría en el desolado y oscuro clima antártico, en pleno invierno. Otra adaptación, fuera de nuestras aguas, es la del Pingüino de Galápagos que, aprovechando la fría corriente de Humboldt, habita aquellas islas ecuatoriales.

Distribution and Habitat

They live in the South Atlantic and in Antarctic and sub- Antarctic waters. They come ashore on the mainland and southern islands in order to nest. As an exception, the Emperor Penguin breeds in the inhospitable and dark Antarctic climate in mid-winter. Another adaptation, outside our seas, is that shown by the Galapagos Penguin which, taking advantage of the cold Humboldt Current, dwells on those equatorial islands.

Comportamiento

No vuelan. En tierra muestran torpe andar erecto, pero son maestros en el mar donde viajan a gran velocidad debajo del agua, como si volaran, utilizando sus modificadas alas para impulsarse, y sus patas extendidas, como timón. Andan en grupos que saltan fuera del agua como focas. Se alimentan de peces, crustáceos y calamares, y los antárticos, de krill. Su adaptación al mar es tan perfecta que el Pingüino Emperador puede alcanzar los 250 m de profundidad y permanecer largos minutos sin respirar. En las demás especies, este período oscila en derredor del minuto. Emiten fuerte y desagradable rebuzno, además de otras voces, que convierten la colonia en ruidosa reunión. Su sociabilidad se manifiesta claramente allí, pues se agrupan a veces por centenares de miles. Es en la colonia donde organizan verdaderas guarderías de jovencitos, al cuidado de un adulto, mientras los padres van al mar por alimento.
Ponen dos huevos blancos, redondeados y el nido puede ocultarse en cuevas o es una simple oquedad en el suelo. Los dos mayores ponen un solo huevo que incuban sobre sus patas, y cubren con un repliegue abdominal.

Behaviour

Penguins are flightless birds. On land they walk clumsily and upright, but they are masters in the sea, where they can travel underwater at great speed as if they were flying, making use of their adapted wings to gain speed and using their stretched-out legs as a rudder. They move around in groups and can leap out of the water like seals. They feed on fish, crustaceans and squid. Antarctic penguins feed on krill. Their adaptation to the sea is so perfect that the Emperor Penguin can reach to a depth of over 800 ft and hold its breath for many minutes. The rest of the species can resist for about a minute. Penguins make a loud and unpleasant bray which, together with other vocal sounds, turns the colony into a noisy gathering. Clearly they are sociable creatures, for they sometimes form groups of hundreds of thousands. In these colonies they organize veritable chick nurseries, in the care of an adult, while other parents go to the sea in search of food. Penguins lay two round, white eggs and their nests may be hidden in caves or be a mere hollow in the ground. The two largest species lay only one egg, which they incubate on their feet and cover with a fold of their bellies.

Izquierda: Pingüino Emperador - *Aptenodytes forsteri* - *Emperor Penguin: Left* (SI).
Abajo: Pingüino Ojo Blanco - *Pygoscelis adeliae* - *Adelie Penguin: Below* (SI).

Pingüino Rey
Aptenodytes patagonicus
King Penguin (SI)

Los pingüinos, en general, viven en el Atlántico Sur y en aguas antárticas y subantárticas. Llegan para nidificar a islas australes.

Most penguins live in the South Atlantic, and in Antarctica and sub-Antarctic waters. The come to breed on southern islands.

Arriba: Pingüino de Barbijo - *Pygoscelis antarctica* - *Chinstrap Penguin: Above* (SI).
Abajo: Pingüino Ojo Blanco - *Pygoscelis adeliae* - *Adelie Penguin: Below* (SI).

Arriba: Pingüino Frente Dorada - *Eudyptes chrysolophus* - *Macaroni Penguin: Above* (SI).
Abajo: Pingüino de Vincha - *Pygoscelis papua* - *Gentoo Penguin: Below* (SI).

Arriba izquierda: Pingüino Frente Dorada - *Eudyptes chrysolophus* - *Macaroni Penguin: Above left* (SI).
Arriba derecha: Pingüino Penacho Amarillo - *Eudyptes chrysocome* - *Rockhopper Penguin: Above right* (SI).
Abajo: Pingüino Patagónico - *Spheniscus magellanicus* - *Magellanic Penguin: Below.*

Familia RHEIDAE

Ñandúes, choiques: 2 especies en la Argentina y países vecinos. Sólo en Sudamérica.
Greater Rhea, Lesser Rhea: 2 species in Argentina and neighbouring countries. Found only in South America.

Identificación

Inconfundibles por su enorme tamaño (1,10 m en el Choique; 1,50 m en el Ñandú), largas patas y cuello, y cabeza pequeña. Alas y cola carecen de las plumas rígidas de la mayoría de las aves. Su coloración los disimula en el ambiente. Tiende al gris en el Ñandú, y al pardo con manchitas blancas en el Choique.

Distribución y hábitat

El Ñandú fue, junto con pumas, venados y guanacos, conspicuo representante de la fauna pampeana. Hoy, se lo puede hallar aún en grandes estancias, desde el Norte hasta la Patagonia, donde cede su lugar a la raza austral del Choique o avestruz petiso, este sí en libertad por toda la meseta. La raza norteña del Choique, elige también terrenos áridos, pero andinos, donde es escaso. Los altos pastizales pampeanos, que fueron refugio del Ñandú, han desaparecido y este sólo subsiste por su adaptación a los campos cultivados. La explotación comercial (extracción de sus suaves plumas) tal vez lo salve de la extinción.

Identification

Their enormous size makes them unmistakable (nearly 4 ft in the case of Lesser Rhea, and 5 ft (Greater Rhea), long legs and neck, and small head. Their wings and tail lack the stiff feathers typical of most birds. Their coloring allows them to blend in with their surroundings. Greater Rhea are greyish, whereas Lesser Rhea are tinged with brown and have white spots.

Distribution and Habitat

The Greater Rhea was once, together with the puma, pampas deer and guanaco, the more conspicuous fauna of the Pampas. Today it can still be found in large estancias, from the north of Argentina as far south as Patagonia, where its place is taken by the southern subspecies of the Lesser Rhea, roaming freely across the steppes. The northern subspecies also chooses to live in arid areas, but in the Andes, where it is scarce. The tall grasslands of the Pampas, which gave shelter to the Greater Rhea, have since disappeared and this species only survives by its adaptation to living on cultivated land. Commercial exploitation (to take their soft feathers) may save it from extinction.

Arriba: Ñandú macho - *Rhea americana* - *Greater Rhea: Above.*
Izquierda: Cabeza de Ñandú - *Rhea americana* - *Greater Rhea: Left.*

Comportamiento

Aves corredoras por excelencia, incapaces de volar, suelen andar en grupos compuestos por un macho (en el Ñandú, con manchas negras en el cuello), y muchas hembras y jóvenes. Por centurias mantuvieron una población, que la caza con boleadoras de los indígenas no mermó. Luego, la introducción del caballo fue un nuevo desafío a su velocidad y a los esguinces de que es capaz en plena carrera, pero alambrados y armas de fuego fueron enemigos demasiado poderosos.
Omnívoros, no desprecian plantas, frutos, semillas, insectos ni pequeños vertebrados. Para mejorar su digestión ingieren piedritas u objetos de uso humano, por lo que son muchas las anécdotas sobre el Ñandú, cuando es semidoméstico. El Choique es más libre y arisco.
La nidificación es un atractivo aspecto de su conducta. El macho es polígamo, y se aparea con cuanta hembra halle. Estas ponen sus grandes huevos, en ocasiones hasta treinta, crema lustrosos, de 14 x 10 cm para el Ñandú; y verdosos, de 12 x 9 cm en el Choique, en una depresión del terreno acondicionada por el macho que luego incuba. Al nacer los "charitos" o "charabones", también él se encarga de su cuidado y su crianza

Behaviour

These birds are wonderful runners, unable to fly, that often move about in flocks with only one male (with black on the neck, as in the Greater Rhea) joined by many females and the young. The population resisted for centuries and was unaffected by native bola-hunting. Then the introduction of the horse presented a new challenge to their speed and quick dodging, but later wire fences and firearms proved to be overpowering enemies.
They are omnivores and do not spurn plants, fruit, seeds, insects or small vertebrates. In order to improve their digestion, they take in small stones or man-made objects, resulting in many amusing stories by semi-domesticated Greater Rheas. In contrast, Lesser Rheas prefer to live in freedom and are rarely tamed.
Nest-building is an interesting aspect of their behaviour. The male is polygamous and mates with as many females as he may find. These then lay large eggs, on occasion numbering as many as thirty, in a hollow in the ground that is conditioned by the male, who then incubates. The eggs are shiny and creamy, 5.5" x 4" for Greater Rhea, and greenish and 4.7" x 3.5" for Lesser Rhea. When the chicks –locally known as `charitos´ or `charabones´– are born, it is again the male that takes care and raises them.

Familia TINAMIDAE

Inambúes, tataupás, martinetas (perdices): 15 ó 16 especies en la Argentina, 47 en total. Sólo en América.

Tinamous, nothuras: 15 or 16 species in Argentina, 47 in total. Found only in the Americas.

Identificación

Recuerdan pollos de plumaje compacto y coloración mimética, con cabeza chica y cola muy corta. Miden entre 19 cm (Tataupá Chico) hasta 42 cm (Macuco), pasando por la común "perdicita" de 25 cm, y la Colorada y la Martineta, de 38 o 39 cm de alzada. Salvo las perdices de selva o tataupás, pardo rojizas, las demás muestran una abigarrada combinación de ocre, pardo y negruzco ("aperdizado"). En las martinetas, el plumaje es bataraz, pero se diferencian con facilidad por su enhiesto copete nucal. Tanto la Colorada como la Quiula Patagónica poseen alas rojizas. En la Quiula Puneña, el rojizo está en los flancos.

Identification

They remind us of chickens with compact plumage and mimetic coloration, a small head and a very short tail. Their sizes range from 7" (Small-billed Tinamou) to 16.5" (Solitary Tinamou). The Spotted Nothura is 10" tall, while Red-winged and Elegant-crested Tinamous are 15.3" high. Except for the brownish-red tataupás which dwell in rainforests, the rest display a cryptic pattern with ochre, brownish-grey and a blackish shade. The plumage of the Elegant-crested Tinamou is also speckled, and can easily be recognized by the upright crest extending from the nape. Both the Red-winged and the Patagonian Tinamous have reddish wings. The Puna Tinamou has reddish sides.

Distribución y hábitat

Se las halla en todo el país, con claras diferencias de hábitat. Los Tataupás (Común, Listado, Rojizo y Chico) y el Macuco habitan las densas selvas de Misiones, y sólo el Tataupá Común avanza hacia otras provincias. Algunas perdices prefieren áreas serranas o andinas en el noroeste, como los Inambúes Montaraz, Silbón, Serrano y la Quiula Puneña. En áreas rurales pueden hallarse Coloradas y los Inambúes Común y Pálido. La Martineta Chaqueña vive en bosques del Norte, y su pariente, la Martineta Común, prefiere los ambientes andino-patagónicos, que comparte en el extremo sur con la Quiula Patagónica.

Distribution and Habitat

They can be found all over the country, in markedly different habitats. Certain tinamous (the Tataupa, Undulated, Brown, Small-billed and Solitary Tinamous) live in the dense Misiones rainforests, and only the Tataupa Tinamou can be found in other provinces. Some of them, such as the Brushland, Andean, Ornate and Puna Tinamous, prefer the hills and Andean areas in the northwest. The Red-winged Tinamou and the Spotted and Darwin's Nothuras can be found in rural areas. The Quebracho Crested Tinamou lives in forests of the north and its close relative, the Elegant-crested Tinamou, prefers Andean Patagonia, which is shared further south with the Patagonian Tinamou.

Comportamiento

Los tataupás viven ocultos y caminan por pequeñas áreas desnudas entre la densidad selvática, y el Macuco, contrariando a todas las perdices, duerme en ramas de árboles. Las demás especies confían en su mimetismo y permanecen quietas, para volar ante el peligro, sorpresiva y estrepitosamente. Pero sus alas sólo le permiten un vuelo planeado, bajo y corto, y por cansancio, pronto serán fáciles presas.
Si volar no es gran condición, son en cambio muy caminadoras y al Inambú Común, perdicita o perdiz chica, se lo ve recorriendo sembrados y caminos, que suele cruzar con lenta elegancia, no respetada por los automovilistas. Sus voces permiten reconocerlas, sobre todo a las selváticas que son difíciles de ver.
Si la confianza mata al hombre, mata más a las perdices, víctimas de cazadores y vehículos.
Su modesto plumaje oculta singulares conductas reproductivas y a las gemas que depositan en sus nidos. Son polígamos y como en los Ñandúes, quienes incuban, en un pequeño hueco del suelo, son los machos. Existen distintos modelos de relación macho-hembra, como diferentes son sus bellísimos huevos. La característica es un inigualado brillo de porcelana en la cáscara. En la mayoría, los huevos son chocolate lustroso, y verdes, como joyas esmeralda, en las martinetas.

Behaviour

Tataupas hide in the thickets of the rainforest and walk across open patches. The Solitary Tinamou, in contrast to all the others, roosts on tree branches. The rest of the species rely on their camouflage and remain motionless, flushing suddenly and noisily in the event of danger. However, their wings only provide for a low short glide, so they soon become exhausted and thus easy prey. They may not be skilled flyers, but they do walk a great deal. The Spotted Nothura can be found on sown fields and roads, which it usually crosses with a slow elegance that motorists do not respect. Their calls are helpful to locate and identify them, especially in the case of those dwelling in the rainforest, where these birds are especially hard to see.
If curiosity killed the cat, it also kills tinamous which fall prey to hunters and road traffic.
Their modest plumage does not hint their unique reproductive behaviour and the gem-like eggs they lay in their nests. They are polygamous and it is the males that incubate the eggs in a small hollow in the ground. Courtship varies widely. Their beautiful eggs are also very different, the shells boasting a unique porcelain-like polish. In most cases the eggs are shiny brown, and in the case of the Elegant-crested Tinamou, green as an emerald jewel.

Izquierda: Colorada - *Rhynchotus rufescens* - *Red-winged Tinamou: Left.*
Abajo izquierda: Tataupá Rojizo - *Crypturellus obsoletus* - *Brown Tinamou: Below left.*
Abajo derecha: Macuco - *Tinamus solitarius* - *Solitary Tinamou: Below right.*

Arriba izquierda: Inambú Serrano - *Nothoprocta ornata* - *Ornate Tinamou: Above left.*
Arriba derecha: Inambú Montaraz - *Nothoprocta cinerascens* - *Brushland Tinamou: Above right.*
Abajo: Inambú Común - *Nothura maculosa* - *Spotted Nothura: Below.*

Arriba: Quiula Patagónica - *Tinamotis ingoufi* - *Patagonian Tinamou: Above* (SI).

Todas las “perdices” ponen huevos de brillante superficie. Esas son las gemas que ocultan en el nido.

All tinamous lay eggs that have a glossy surface. These are the gems that remain hidden in the nest.

Izquierda: Martineta Común - *Eudromia elegans*
Elegant Crested-Tinamou: Left.

Familia PODICIPEDIDAE

Macás: 6 especies en la Argentina, 22 en el mundo.
Grebes: 6 species in Argentina, 22 worldwide.

Identificación

Aves acuáticas bastante uniformes (19 cm en el Macá Gris hasta 28 cm en el Macá Tobiano y el Pico Grueso) con la excepción del Macá Grande que mide 44 cm. También es homogénea su estructura y su aspecto: un plumaje compacto y satinado, alas cortas, cola rudimentaria y 4 dedos lobulados. El pico es corto y cónico (largo únicamente en el Grande), lo que basta para separarlos de los patos que lo poseen ancho y chato.
Todos los macás, o zambullidores, cambian su coloración en época nupcial, luciendo galas más coloridas. El Macá Común, por ejemplo, muestra entonces plumaje negro y cobrizo, con penacho blanco en la cara. Del Macá Tobiano, descubierto hace algunas décadas, poco se conoce sobre sus variantes invernales.

Identification

Grebes are aquatic birds of fairly uniform size (from 7.5" in the Least Grebe to 11" for Hooded and Pied-billed Grebes), with the exception of the Great Grebe, which is over 17" in size. Their body structure and appearance are also similar. Their plumage is compact and shiny and they have short wings, a rudimentary tail and 4 lobed toes. Their bill is short and cone-shaped (it is long only in the Great Grebe), enough to tell them apart from ducks, that have wide, flat bills.
All grebes, or divers, change their colour in the breeding season, displaying more colourful fineries. During this period, the White-tufted Grebe, for instance, has a black and brownish body with a white tuft on the cheek. Little is known about the winter changes undergone by the Hooded Grebe, which was only discovered a few decades ago.

Distribución y hábitat

Poseen amplia distribución y tres de ellos (Plateado, Común y Grande) alcanzan las Malvinas. Las excepciones son el Macá Gris, raro fuera de las provincias norteñas, y el Tobiano que, hasta ahora, sólo fue hallado en Santa Cruz y el sur de Chile. Viven en lagunas y demás ambientes acuáticos, incluso en las costas del mar, y aun en cunetas de caminos, siempre que haya profundidad para bucear.

Distribution and Habitat

They are widely distributed and three of them (the Silvery, White-tufted and Great Grebes) can even be found in the Malvinas (Falkland) Islands. The exceptions are the Least Grebe, which is rarely found outside the northern Argentine provinces, and the Hooded Grebe, which so far has only been found in Santa Cruz and the south of Chile. They dwell in pool and other water habitats, including sea coasts, and even in road ditches when deep enough to dive in.

Comportamiento

Aves sociables, es raro que abandonen el agua, su ambiente preferido. Sin embargo, algunos migran, como el Macá Plateado, pero la mayoría realiza sólo cortos desplazamientos. Es excepcional que caminen y de hacerlo, mostrarán torpe andar erguido, pues tienen las patas muy atrás. Vuelan de noche, al colonizar nuevas lagunas y, si se ven impelidos de día, carretean mucho, antes de volar. En el agua, nadan con soltura y bucean en procura de peces, larvas e insectos acuáticos.
En su nidificación muestran singularidades, siendo el cortejo nupcial muy sofisticado. Construyen nidos de materia vegetal, que flotan y que, al abandonar, cubren con plantas, logrando así que los huevos se incuben solos, como en los reptiles. Ponen varios, que frescos son blancuzcos, y se tiñen y oscurecen durante la incubación.
Los pichones, con un notable patrón de rayas blancas y negras, son capaces de nadar y bucear recién nacidos; no obstante, suelen viajar cómodos en el lomo de sus padres.

Behaviour

They are social birds which rarely leave the water, their favourite habitat. However, some of them migrate, such as the Silvery Grebe, whereas the majority only travel short distances. They walk on land only exceptionally, moving clumsily and upright since their feet are placed far back on their bodies. They fly at night to colonize new pools and, if forced to do so by day, they must taxi a great deal before getting aloft. In the water they swim with ease and dive in search of fish, larvae and water insects.
Nest-building is quite peculiar, and their courting is very sophisticated. Grebes build floating nests made from plant material, and since they are abandoned, they cover them with plants. The eggs thus can incubate on their own, much as reptiles do. They lay several eggs which are whitish when fresh, and become darker as they are incubated.
The young, coated with striking black and white lines, are capable of swimming and diving as from birth. However, they usually travel comfortably on the back of their parents.

Izquierda: Macá Tobiano - *Podiceps gallardoi* - *Hooded Grebe: Left* (SI).
Abajo: Macá Grande - *Podiceps major* - *Great Grebe: Below.*

El Macá Grande, con dos pichones a bordo.
A Great Grebe laden with two chicks.

Arriba izquierda y derecha: Macá Común - *Podiceps rolland* - *White-tufted Grebe: Above left & right.*
Abajo izquierda: Macá Plateado - *Podiceps occipitalis* - *Silvery Grebe: Below left.*
Abajo derecha: Macá Gris - *Podiceps dominicus* - *Least Grebe: Below right.*

Este bonito macá santacruceño, recién conocido por la ciencia, pese a su tamaño y colorido ha pasado inadvertido hasta hace unos decenios.

This attractive grebe from the province of Santa Cruz, inspire of its size and attractive color, remained undetected and unknown to science until only a few years ago.

Arriba: Macá Tobiano - *Podiceps gallardoi* - *Hooded Grebe: Above* (SI).
Abajo: Macá Pico Grueso - *Podilymbus podiceps* - *Pied-billed Grebe: Below.*

El Macá Pico Grueso alimenta a su cría con una pluma propia, no digerible, que protege el tubo digestivo del pichón.
A Pied-billed Grebe feeds its chick with one of its own feathers, which cannot be digested but protects the digestive tract.

Familia DIOMEDEIDAE

Albatros: 8 especies en los mares argentinos, 14 en el mundo.
Albatrosses: 8 species in the Argentine seas, 14 worldwide.

Identificación

Grandes aves oceánicas, de alas muy largas (3,20 m en el Albatros Errante) y pico robusto con un tubo a cada lado de la mandíbula superior. Se parecen entre sí, mostrando alas negras y el resto blanco. Sólo dos especies subantárticas, el Albatros Oscuro y el Albatros Manto Claro, son de plumaje pardo. El que puede ser observado desde la costa es el Albatros Ceja Negra (2,40 m de envergadura), de pico amarillo y alargada mancha negra por detrás del ojo.

Identification

They are large seabirds with very long wings (10.5 ft in the Wandering Albatross) and a sturdy bill with a tube along each side of the upper mandible. They all look alike: their wings are black and the rest of their bodies, white. Only two sub-Antarctic species, the Sooty and Light-mantled Albatrosses, have brownish-grey plumage. The Black-browed Albatross (with a wingspan of 7.8 ft) can be seen from the coast. It has a yellow bill and a dark streak behind the eye.

Distribución y hábitat

Grandes voladores, no es sencillo atribuirle determinada distribución. Los albatros menores (Pico Fino, Cabeza Gris y Ceja Negra) suelen aproximarse más a las costas, mientras los mayores y los oscuros, son pelágicos y subantárticos.

Distribution and Habitat

They are great fliers, which makes it difficult to establish ranges. The mollymawks (the Yellow-nosed, Grey-headed and Black-browed Albatrosses) usually come closer to shore, whereas the great and sooty albatrosses are pelagic and sub-Antarctic.

Comportamiento

Viven planeando cerca del agua, con las alas extendidas y los extremos algo hacia atrás, que baten esporádicamente. Recorren sin esfuerzo aparente miles de kilómetros, mientras se alimentan de calamares y peces con sólo hundir pico y cabeza en el mar. A veces siguen a los barcos en procura de restos de la cocina.
A tierra van sólo a nidificar en islas remotas, a menudo en colonia, construyendo con barro unos conos ahuecados, en los que depositan un solo huevo blanco, cuya incubación dura 80 días en las especies más grandes. La madurez sexual de los jóvenes es tan lenta que puede tardar hasta 10 años.

Behaviour

They glide near the surface of the water with stretched-out wings, and tips slightly backwards, flapping their wings from time to time. They travel thousands of miles without apparent effort while they feed on squid and fish by just dipping their head and bill underwater. Sometimes they follow ships in search of food leftovers. They go to land only to nest on remote islands, often in colonies. They use mud to build hollow cones in which they place only one white egg. In the case of the largest species incubation lasts for 80 days. Sexual maturity is so slow that it may require up to 10 years.

Albatros Cabeza Gris - *Thalassarche chrysostoma*
Gray-headed Albatross (SI).

Albatros Pico Fino - *Thalassarche chlororhynchos*
Yellow-nosed Albatross.

Izquierda: Albatros Ceja Negra
Diomedea melanophrys
Black-browed Albatross: Left.

Derecha: Albatros Errante
Diomedea exulans - *Wandering Albatross: Right* (SI).

Los Albatros Real y Errante son las aves voladoras más pesadas del mundo (hasta 10 - 12 kg).

Royal and Wandering Albatrosses are the world's heaviest birds (up to 22 – 26 lb).

Arriba y abajo: Albatros Real - *Diomedea epomophora* - *Royal Albatross: Above & below.*
Compárese al Albatros Real (9-10 kg) con los Albatros Ceja Negra que lo rodean, que no son pequeños (3-4 kg).
Compare the Royal Albatross (20-22 lb) with the surrounding Black-browed Albatrosses, the smallest of all (7-9 lb).

Arriba: Albatros Manto Claro - *Phoebetria palpebrata* - *Light-mantled Albatross: Above* (SI).
Abajo: Albatros Corona Blanca - *Thalassarche cauta* - *White-capped Albatross: Below* (SI).

Familias PROCELLARIIDAE - HYDROBATIDAE

Identificación

Los petreles son menores que los albatros, salvo el Petrel Gigante (2,10 m de envergadura), y tienen las alas más anchas. Distintivo es el pico, con un doble tubo en lo superior, que no tienen las gaviotas, a las que se parecen. La mayoría muestra plumaje oscuro en lo superior y blanco, en lo inferior. Las excepciones son los Petreles Oscuros, que son pardo negruzcos; el Blanco, de plumaje albo, y el Damero y el Antártico, que en el dorso oscuro, tienen bonito patrón blanco. En los priones y en el Petrel Azulado, el dorso es celeste grisáceo.
Los paíños son aves marinas pequeñas (unos 18 cm) que recuerdan golondrinas, pero con gran envergadura alar, que en el Paíño Común es de 40 cm. También se parecen en colorido ya que son negros y blancos, y en el Paíño Común, negros con sólo la rabadilla blanca. El pico corto posee un solo tubo en lo superior.
Los yuncos son más bien costeros. Pequeños como paíños (unos 20 cm), son más robustos. Separar las especies no es fácil. El plumaje de todos es negro en lo superior y blanco en lo inferior, y poseen alas cortas y pico corto y robusto, con dos tubitos en la base, abiertos hacia arriba. Cortas patas azuladas.

Identification

Petrels –which are smaller than albatrosses, except for the Southern Giant Petrel (7 ft wingspan)– have wider wings. Unlike gulls, which they resemble, their distinctive bill has a double tube above.
The majority of these birds have dark plumage with white underparts. The exceptions are the Hall's Giant-Petrel, which is blackish dun, the Snow Petrel, whose plumage is white, and the Cape and Antarctic Petrels, which have an attractive white pattern on their dark backs. The Blue Petrel and the prions have grey to light blue backs.
Storm-petrels are small swallow-like seabirds (7") but with a great wingspan:16" in the case of Wilson´s Storm-Petrel. They are black and white. Their short bill has only one tube on the upper side.
Diving-petrels are coastal birds. They are as small as the storm-petrels (around 8"), but sturdier. It is not easy to tell these species apart. All of them have black plumage with white underparts, short wings and a short sturdy bill with two small tubes located at the base, and with their openings pointing upwards. Their legs are short and bluish.

Familia PROCELLARIIDAE (Petreles, pardelas, priones: 22 especies en la Argentina, 70 en el mundo).
Familia HYDROBATIDAE (Paíños, petreles de tormenta: 5 especies en la Argentina, 20 en el mundo).
Familia PELECANOIDIDAE (Yuncos: 3 especies en la Argentina, 4 en total. Sólo en el hemisferio sur).
Family PROCELLARIIDAE. (Petrels, shearwaters, prions: 22 species in Argentina, 70 worldwide.)
Family HYDROBATIDAE. (Storm-petrels: 5 species in Argentina, 20 worldwide.)
Family PELECANOIDIDAE. (Diving-petrels: 3 species in Argentina, 4 in total. Found only in the southern hemisphere.)

Distribución y hábitat

Entre las aves marinas, Procellaridae es la familia más grande y distribuida, desde el Ártico al Antártico. Poco observables desde la costa, sin embargo algunos, como el Petrel Gigante Común, visitan puertos. Desde escolleras no es raro ver al Petrel Barba Blanca, así como al Damero y al Plateado. Muertos en playas durante el invierno pueden hallarse varios, y el más común es el Prion Pico Fino, como sus congéneres, de apenas 25 centímetros.
Los paíños viven en el mar y sólo van a tierra a nidificar, generalmente de noche.
Los yuncos habitan mares subantárticos. Sólo la especie peruana alcanza latitudes más septentrionales. Suelen hallarse ejemplares del Yunco Común muertos en las costas bonaerenses.

Distribution and Habitat

Among seabirds, the Procellaridae family is the largest and most widespread, from the Arctic to the Antarctic. They are rarely seen from the shore, but some of them do roam port areas. In some species dead birds can be found along beaches during winter, the most common being the Slender-billed Prion which, like other prions, measures only 10". Diving-petrels live in sub-Antarctic seas. Only the Peruvian species can be found further north. It is not uncommon to see Southern Fulmar and White-chinned and Cape Petrels from breakwaters. Storm-petrels live out at sea and only come in to land at night when nesting. The Common Diving-Petrel is sometimes found dead along the coast of Buenos Aires.

Izquierda: Petrel Damero - *Daption capense* - *Cape Petrel: Left.*
Abajo: Petrel Plateado - *Fulmarus glacialoides* - *Southern Fulmar: Below* (SI).

Pardela Oscura - *Puffinus griseus*
Sooty Shearwater (SI).

Petrel Cabeza Blanca - *Pterodroma lessonii*
White-headed Petrel (SI).

Petrel Collar Gris - *Pterodroma mollis*
Soft-plumaged Petrel (SI).

Comportamiento

Salvo en época de cría, los petreles viven en el mar, adaptándose a severas condiciones, en vuelo rápido y rasante sobre el agua o haciendo parábolas que aprovechan las corrientes aéreas. Al parecer no duermen largos períodos. Se alimentan de crustáceos, peces y calamares, en la superficie o zambullendo. Durante la incubación, que dura entre un mes y medio y dos meses, se ocultan en madrigueras o en cavidades en grandes islas rocosas, donde suelen formar colonias. Ponen un solo huevo blanco.

Respecto a los petreles, los paíños poseen vuelo más débil, errático, con mucho aleteo. Danzan sobre las olas, con las patas colgando, mientras buscan pequeños crustáceos. La nidificación sí es similar.

A los yuncos se los reconoce, más que por su color, por su vuelo con aleteo continuo y poco planeo, para zambullir abruptamente y emerger volando, actitud que repiten. También posan sobre la superficie marina.

Behaviour

Except during the breeding season, petrels live in the sea, adapting to severe weather conditions. They fly low over the water or in undulating patterns to take advantage of air streams. Seemingly, they do not sleep long. They feed on crustaceans, fish and squid, either taken from the surface of the water or by diving.

During incubation, which lasts from forty-five days to two months, they hide in burrows or cavities on large rocky islands, where they usually form colonies. They lay a single white egg.

Storm-petrels fly in a weaker, erratic way, flapping their wings a great deal. They dance over the waves, their legs dangling, while they search for small crustaceans. Nest-building is similar.

Diving-petrels are better told apart by their continuous wing flapping and very little gliding, than by their colour. They will suddenly dive into the water and fly out again, repeating this manoeuvre over and over. They also alight on the surface of the sea.

Izquierda: Petrel Barba Blanca - *Procellaria aequinoctialis*
White-chinned Petrel: Left.

Petrel Antártico - *Thalassoica antarctica* - Antarctic Petrel (SI).

Petrel Blanco - *Pagodroma nivea* - Snow Petrel (SI).

recha: Paiño Común
eanites oceanicus
ilson's Storm-Petrel: Right
).

Familias PHALACROCORACIDAE - ANHINGIDA

Identificación

Los cormoranes miden desde 50 cm (Cormorán Gris) hasta 63 cm (Biguá). Poseen pico largo con gancho en la punta y cuello también largo, que llevan bien estirado en vuelo. La cola es rígida, en cuña, las alas largas y redondeadas y las patas cortas, con membrana entre los dedos. Semejantes entre sí en forma y tamaño, se diferencian por color. La mayoría combina dorso negro, con la parte inferior blanca y sólo los separan detalles. El Cormorán Gris, el más llamativo, luce el gris plateado de su plumaje con patas y base del pico, rojos. El Biguá es negruzco, siendo pardos sus jóvenes.
Los aningas o biguás víbora (Familia Anhingidae) parecen esbeltos cormoranes, con largo y fino pico sin gancho, prolongado cuello serpentiforme y cola más larga. Aunque negros como el Biguá (único cormorán que comparte su hábitat), el macho posee un notable plateado en las alas, y la hembra tiene cuello y cabeza de color canela, muy fácil de distinguir.

Distribución y hábitat

Los cormoranes son aves costeras, pero al Biguá se lo encuentra en cualquier ambiente acuático del país, y al Cormorán Imperial en lagos cordilleranos, además de la costa patagónica y las Malvinas.
La única especie de Aninga en América habita ambientes acuáticos, de preferencia arbolados, en el nordeste. En los últimos decenios ha avanzado hacia el sur.

Identification

Their size ranges from 20" (Red-legged Cormorant) to 25" (Neotropic Cormorant). They have long bills with a hooked tip and they stretch their neck out while flying. Their tail is stiff and wedge-shaped. They have long, rounded wings and short legs with webbed feet. They are similar to one another in shape and size, differing in colour. The majority are dark with white underparts. The Red-legged Cormorant, the most striking of all, combines silvery-grey feathers with legs and base of the bill, red. Adult Neotropic Cormorants are blackish, whereas the young are brownish-grey. The Anhinga or snakebird (from the Anhingidae family) has the appearance of a slender cormorant with a long thin bill which is not hooked, a long snake-like neck and a longer tail. Although it is black like the Neotropic Cormorant (the only cormorant to share its habitat), the male's wings have a striking silver pattern and the female's head and neck are cinnamon, which is easy to distinguish.

Distribution and Habitat

Cormorants are coastal birds, but the Neotropic Cormorant can be found in any aquatic habitat. Apart from seashores, the Imperial Shag can also be found in Andean lakes.
The only Anhinga species in the Americas lives in north-eastern aquatic habitats, preferably surrounded by trees. In recent decades it has expanded further south.

Familia PHALACROCORACIDAE (Cormoranes, biguaes: 6 especies en la Argentina, 39 en el mundo).
Familia ANHINGIDAE (Aningas, biguaes víbora: 1 especie en la Argentina, 2 en el mundo, ambas en el hemisferio sur).

Las familias SULIDAE (Piqueros, alcatraces: 2 especies que alcanzan muy rara vez la Argentina, 9 en el mundo) y FREGATIDAE (Aves Fragata: 1 especie, de las 5 que habitan los mares cálidos del mundo, que llega a veces a la Argentina), por su rareza, no son tratadas en esta mirada "a vuelo de pájaro".

Family PHALACROCORACIDAE (Cormorants: 6 species in Argentina, 39 worldwide.)
Family ANHINGIDAE (Anhingas, also known as snakebirds: 1 species in Argentina, 2 worldwide, both in the southern hemisphere.)

The SULIDAE family (Boobies, gannets: 2 species which very rarely reach Argentina; 9 worldwide) and the FREGATIDAE family (Magnificent Frigatebird: 1 species of 5 that live in the world's warm seas and which sometimes reaches Argentina) are not discussed in this brief overview due to their rarity.

Izquierda: Aninga hembra - *Anhinga anhinga* - *Anhinga: Left.*
Abajo izquierda: Aninga macho - *Anhinga anhinga* - *Anhinga: Below left.*
Abajo derecha: Cormorán Gris - *Phalacrocorax gaimardi* - *Red-legged Cormorant: Below right.*

El Cormorán Gris "fabricando guano".
A Red-legged Cormorant "manufacturing guano".

Cormorán Imperial - *Phalacrocorax atriceps* - *Blue-eyed Cormorant.*

Comportamiento

Sociables, los cormoranes se agrupan (más en época reproductiva) pues nidifican en colonia, a menudo de varias especies. El Biguá también anida en árboles, juntando ramitas, pero la mayoría lo hace en costas escarpadas donde, en nidos arcillosos con forma de pequeño volcán, ponen 4 huevos azules.
Cuando nadan, semisumergidos, sólo sobresalen cuello y cabeza. A menudo se zambullen, dando un pequeño salto. Vuelan bajo, en fila cerca de la superficie del mar.
En tierra, como las patas se ubican bien atrás, mantienen una postura erecta. Suelen posar con las alas bien extendidas secándose al sol.
Aunque como el Biguá, suele secarse con las alas extendidas, otras características diferencian bien al Aninga, que a menudo planea alto. También se zambulle en procura de peces, pero a estos los ensarta con su aguzado pico. Al nadar, lo hace más hundido, dejando asomar sólo su cabeza.
Cría en pantanos, también en colonia, aun junto a biguáes, poniendo huevos celestes en número similar.

Behaviour

Cormorants are sociable. They nest in colonies, often consisting of several species. The Neotropical Cormorant also nests on trees, by gathering twigs, but the majority do so on steep coasts where they lay 4 blue eggs in nests of a clay-like material set in the shape of a small volcano.
They swim partly submerged, so only their heads and necks are exposed. They often dive making a small leap. They fly low, in line, and close to the surface. Since their feet are placed far back on their bodies, on land they stand upright. They can often be seen with their wings completely outstretched, drying under the sun.
The Anhinga also dives for fish, but it uses its sharp bill to impale them. It swims even more submerged so that only its head is exposed. It breeds in marshes, also in colonies, even with the Neotropical Cormorant, laying a similar number of light blue eggs.
Like the Neotropical Cormorant, the Anhinga usually dries off with outstretched wings. Amongst other distinguishing features is often soars to great heights.

Biguá - *Phalacrocorax olivaceus* - Neotropic Cormorant: Above.

Derecha:
Cormorán Cuello Negro
Phalacrocorax magellanicus
Rock Cormorant: Right.

Familia ARDEIDAE

Garzas, mirasoles, hocós: 15 especies en la Argentina, 60 en el mundo.
Herons, bitterns, tiger-herons: 15 species in Argentina, 60 worldwide.

Identificación

Aves desde pequeñas (25 cm en el Mirasol Chico) hasta grandes (75 en la Garza Mora). Las caracteriza un pico largo, agudo y recto, salvo la extraña Garza Cucharona, que lo posee muy ancho. Sus patas son largas, sin palmadura en los dedos, apropiadas para vadear aguas someras. En vuelo, el largo cuello que llevan recogido en "S", los diferencia de cigüeñas y bandurrias que lo estiran al volar.
El color es variable. Predomina el rojizo en el Hocó Colorado, el amarillo en el Chiflón y el gris en la Garza Mora. Tres de las especies más comunes lo lucen blanco, y la separación entre ellas se hace por tamaño (Garza Blanca, 65 cm; Garcita Blanca, 40 cm y Garcita Bueyera, 35 cm) y por el color de patas y pico. La Bueyera agrega a su vestuario, en época reproductiva, notas de canela, que la vuelven inconfundible.
Casi todas poseen singulares plumas nucales (egretes), a modo de copete, lo que motivó una gran persecución a comienzos del siglo XX, que llevó a las garzas blancas al borde de la extinción. La moda de plumas en sombreros y en otras prendas fue causa del desastre, contenido a tiempo por una prohibición internacional.

Identification

The size of these birds ranges from small (10" for Least Bittern) to large (30" for Cocoi Heron). They are characterized by a long straight sharp bill, except for the strange Boat-billed Heron, whose bill is very wide. Their legs are long, without webbed toes, suitable for wading in shallow water. In flight their long neck is folded into an `S´, distinguishing them from storks and ibises that extend it in flight. Colouration is varied. The Rufescent Tiger-Heron is predominantly reddish, the Whistling Heron has a yellow hue, and the Cocoi Heron is mostly grey. Three of the most common species have white plumage, and they are distinguished from one another according to size (25" for the Great Egret, 16" for Snowy Egret, and 14" for Cattle Egret) and by the colour of their legs and bill. During the breeding season, some parts of the Cattle Egret plumage turn cinnamon, which makes it unmistakable. Almost every one of them has peculiar feathers on the back of their heads (nape feathers), much as a crest, which led to serious persecution at the start of the 20th century, droving this white-plumaged group towards extinction. The trendy use of feathers on hats and other items of clothing was the cause of this disaster, which an international ban brought to a halt just in time.

Distribución y hábitat

Algunas, como las tres garzas blancas, la Bruja y la Mora, pueden hallarse en todo el territorio y es llamativa la dispersión de la Garcita Bueyera, que hace pocas décadas invadió América desde África y hoy se la encuentra aún en puntos remotos como las Malvinas o Tierra del Fuego. Pero otras, como los Mirasoles, la Garcita Azulada o los Hocós, habitan el norte, alcanzando algunas, como máximo la latitud de Buenos Aires. Un caso especial es el del Chiflón, garza bien colorida que se adaptó a la arboleda exótica, donde descansa y nidifica, y va aumentando su número y el alcance de su distribución hacia el Sur.
Prefieren áreas húmedas, la mayoría para recorrer bañados o zonas inundadas en procura de alimento, y otras como los mirasoles, hocós, etc., para ocultarse en los juncales. El Chiflón se aventura lejos del agua y más aún, la Garcita Bueyera, que busca moscas y otros invertebrados, cerca del ganado en pleno campo.

Distribution and Habitat

Some of these birds, such as the aforementioned white-plumaged group, the Night Heron and the Cocoi Heron, can be found throughout the country. It is remarkable how the Cattle Egret has spread. It reached the Americas from Africa just a few decades ago. Today it can be found even in remote areas such as the Malvinas (Falkland) Islands or in Tierra del Fuego. Others, however, such as bitterns, the Striated Heron or the Tiger-herons, live further north, some reaching south at most to the latitude of Buenos Aires. A special case is that of the Whistling Heron, a very colourful bird which has adapted to exotic trees, where it rests and builds its nest. Numbers are growing and it is expanding southwards. They prefer humid habitats. The majority can be seen across wetlands or flooded areas in search of food, whereas others, such as bitterns and tiger-herons, hide in reedbeds. The Whistling Heron can be found far from water.

Izquierda: Garza Mora - *Ardea cocoi* - *White-necked Heron: Left.*
Abajo: Garzas diversas - *Heron and Egrets: Below.*

Arriba: Garza Blanca (*Egretta alba*) y Benteveo Común (*Pitangus sulphuratus*) - *Great Egret and Great Kiskadee: Above.*

Comportamiento

Sociables, se agrupan, aun con otras aves, en sitios de alimentación o de descanso. Estos pueden ser árboles, que así aparecen florecidos con pétalos blancos. También son gregarios el Chiflón y la Garza Bruja, pero prefieren amontonarse en conjuntos monoespecíficos. Hocós y mirasoles mantienen cierta independencia, lo mismo que la Garza Mora, a la que suele verse silenciosa y solitaria, al borde del agua. Pero cuando de nidificar se trata, también ella se agrupa en defensa común del territorio. Suelen permanecer en admirable quietud. Pero es sólo espera. En cuanto aparece su presa –pez, anfibio, reptil, invertebrado–, su cuello y su pico se transforman en certero dardo, que pronto recupera su pasiva apariencia.

Esa elegancia –se conjugan esbelta figura y movimientos elásticos– adquiere majestuosidad en el vuelo. Este es pausado, con pocos aletazos, tan cortos en el Chiflón que no superan la horizontal. En la Garza Mora, la de vuelo más lento, hemos contado 114 aletazos por minuto.

Las tres garzas blancas nidifican en colonias, a menudo, junto con la Garza Bruja, cuervillos, gaviotas y espátulas. Otras especies no desdeñan, sin ser tan coloniales, la cercanía de sus congéneres. También las hay solitarias.

Los nidos suelen ubicarse, en el Norte, en arboledas de áreas palustres, mientras que en Sur, donde la alta vegetación escasea, los ocultan en el centro de grandes juncales. A menudo los construyen de esos mismos juncos, poco elaborados, formando un cono abierto con el ápice hacia abajo. Con la misma estructura pero mucho más pulcro, es el nidito del Mirasol Común, cuyos huevos verde esmeralda aportan una nota de singular belleza. Pero no son menos vistosos los azulados de la Garza Bruja, de la Mora (a cuyo enorme nido le adiciona ramas) y de las tres garzas blancas. Tres o cuatro huevos es el número más común.

Behaviour

They are sociable birds which gather in groups, even with other species, at feeding or resting areas. When they choose a tree, it appears to be blooming with white petals. The Whistling and Night Herons are also gregarious, but do not mix. Tiger-herons and bitterns are more solitary, as well as the Cocoi Heron, which is usually seen standing quietly alone, next to water. However, when it comes to nest-building, Cocoi Herons also flock to jointly defend their territory.

These birds usually stay admiringly quiet. But they are just waiting. As soon as their prey appears –a fish, an amphibian, a reptile or invertebrate– their neck and bill become an accurate dart, and they soon recover their peaceful-looking posture.

This elegance becomes majestic in flight, as they combine their slender figure with elastic movement. They do so unhurriedly, flapping their wings very little. The flapping is so short in the Whistling Heron that its wings never go above the horizontal. In the case of the Cocoi Heron, which is the slowest, we have counted 114 flaps per minute.

The three white herons nest in colonies, often together with Night Herons, ibises, gulls and spoonbills. The remaining species, more solitary and less prone to flock in this way, do not despise the proximity of others herons.

In the north, nests are usually located in groves in swampy areas. In the south, where tall vegetation is scarce, nests are hidden among large reedbeds. Nests are often built with those very same reeds and are simple open cones with their apex pointed downwards. The Stripe-backed Bittern's small nest has the same structure but is much tidier. Their emerald-green eggs give it a touch of singular beauty. But the bluish eggs laid by the Night Heron, the Cocoi Heron (which adds branches to its enormous nest) and the three white herons are no less colourful. They usually lay three or four eggs.

La Garcita Bueyera se alimenta de insectos. Pero no siempre: acá intenta tragar un sapo que para evitarlo, se infla al máximo.
Estas garzas colonizaron América, desde África, hace pocos decenios. Cambiaron rinocerontes e hipopótamos por vulgares vacunos y porcinos.

*Cattle Egrets feed on insects. But not always: here one is trying to swallow a frog, which tries to prevent this by inflating.
These african egrets conquered the Americas a few decades ago. They abandoned the company of rhinos and hippos merely to be with cows and pigs.*

Derecha y abajo: Garcita Bueyera
Bubulcus ibis - *Cattle Egret: Right & below.*

Arriba e izquierda: Hocó Colorado - *Tigrisoma lineatum*
Rufescent Tiger-Heron: Above & left.
Abajo: Garza Azul - *Egretta caerulea* - *Little Blue-Heron: Below.*

Garza Cucharona - *Cochlearius cochlearius* - *Boat-billed Heron.*

Garcita Azulada - *Butorides striatus* - *Striated Heron.*

Garza Bruja - *Nycticorax nycticorax* - *Black-crowned Night-Heron.*

Chiflón - *Syrigma sibilatrix* - *Whistling Heron.*

Garcita Blanca - *Egretta thula* - *Snowy Egret.*

Familia CICONIIDAE

Cigüeñas, yabirúes, tuyuyúes: 3 especies en la Argentina, 19 en el mundo.
Storks, Jabiru: 3 species in Argentina, 19 worldwide.

Identificación

Aves grandes (65 cm en el Tuyuyú y 1,10 m en el Yabirú), más robustas que las garzas, tienen un pico enorme, sobre todo el Yabirú, y curvado en el extremo en el Tuyuyú
Las tres son blancas, con alas negras en las dos especies menores. El enorme Yabirú tiene negros sólo cabeza y cuello, y un ancho y notable collar rojo. Las patas largas con dedos sin palmadura, les son útiles para vadear.

Identification

These are large birds (the Wood-Stork is 26" tall the Jabiru, 3.6 ft), sturdier than herons, with an enormous bill, especially the Jabiru, and having a hooked tip such as the Wood-Stork.
All three are white; the two smaller species have black wings. Only the head and neck are black in the enormous Jabiru, which has a striking red collar. Its long legs, used for wading, do not have webbed feet.

Distribución y hábitat

Las tres especies (únicas en América) alcanzan el centro del país, aunque el Tuyuyú suele extenderse más al Sur, y el Yabirú, común en grandes esteros como el Iberá, está más restringido a las provincias del Norte. Aunque no estrictamente acuáticas, están vinculadas a las áreas húmedas como bañados y esteros. A la Cigüeña Americana, la más común en el centro del país, se la ve en pleno campo.

Distribution and Habitat

The three species (unique to the Americas) can be found in the centre of the country, although the Wood Stork usually goes farther south and the Jabiru, a common species in large wetlands such as the Iberá, is more confined to the northern Argentine provinces. Although these birds are not strictly aquatic, they are associated to humid areas such as marshes and wetlands. The Maguari Stork, the most common in the central region of the country, can be seen across much of the countryside.

Izquierda: Cigüeña Americana - *Ciconia maguari* - *Maguari Stork: Left.*
Derecha: Tuyuyú adulto - *Mycteria americana* - *American Wood-Stork: Right.*
Abajo: Tuyuyú juvenil y una buena pesca - *Mycteria americana* - *Juvenile American Wood-Stork, and a good catch: Below.*

Comportamiento

Muy buenas voladoras (con el cuello extendido), grupos de ellas suelen ascender a gran altura y se mantienen largo tiempo planeando en círculos, como águilas o jotes. Menos sociables que las garzas, se ven individuos aislados, aunque en el Tuyuyú la tendencia al gregarismo es más notable.
No muy activas, es común ver cigüeñas apostadas inmóviles, esperando que la pitanza llegue a ellas. Esta es muy variada y se alimentan de pequeños reptiles, peces, ranas, moluscos y otros invertebrados, huevos y también ratones, sobre todo, la Cigüeña Americana, que nidifica en densos bañados, en colonias pequeñas, construyendo con materia vegetal, grandes y sólidas plataformas que pueden sostener el peso de una persona.
El Yabirú no le va en zaga en volumen, pero lo pone a mucha altura, a menudo en palmeras.
Las cigüeñas europeas colocan sus nidos en chimeneas o techos, de allí la historia, contada por nuestras abuelas, de que eran las encargadas de traer los bebés al mundo.
Todas ponen entre dos y cuatro grandes huevos blancos.

Behaviour

They are very good fliers (with extended necks). Some groups often soar at great height where they circle endlessly, as eagles or vultures. They are less sociable than herons and they are often seen in isolation, although the Wood-Stork has a tendency to be more gregarious.
They are not very active and it is common to see storks alighting motionless while waiting for their daily ration to come to them. This is very varied: they feed on small reptiles, fish, frogs, molluscs and other invertebrates, eggs and also mice, especially in the case of the Maguari Stork, which nests in dense wetlands in small colonies. It builds large solid platforms of plant material, capable of supporting the weight of one man.
The nest built by the Jabiru is no smaller, but it is located very high, often on palm trees.
European storks build their nests on chimneys or roofs. This gave rise to the story told by our grandmothers, whereby such birds were in charge of bringing babies to the world.
They all lay between two and four large white eggs.

Abajo y página siguiente: Yabirú - *Jabiru mycteria* - *Jabiru: Below & next page.*

El apareamiento del Yabirú, la enorme cigüeña de nuestros pantanos norteños, no es un espectáculo que pueda presentarse habitualmente al observador. Cumplido su deber de perpetuación de la especie, los monogámicos yabirúes, seguirán unidos en la incubación y luego en el cuidado de los pichones. La escena se desarrolla en lo alto de una palmera, que se ha secado a causa del enorme nido que se agranda año tras año.

It is not often that an observer can witness a mating pair of Yabiru, the enormous storks from our northern swamps. Once the duty to perpetuate the species is over, these monogamous birds will stay together for the incubation and care of the chicks. The scene takes place atop a palm tree, which has gone dry due to the nest yearly nest enlargement.

Familia THRESKIORNITHIDAE

Identificación

Aves entre 40 cm (Cuervillo de Cañada) y 62 cm (Bandurria Mora), tienen aspecto bastante uniforme, con cuello y patas largos y dedos no palmeados. Además, poseen llamativo pico largo, fino y curvo. La excepción es la Espátula Rosada, cuyo pico, si bien largo, es chato y ensanchado en el extremo.
Los tres cuervillos y el Tapicurú se ven negruzcos, y sólo el brillo de su plumaje y el color de patas y pico ayudarán a identificarlos. La Bandurria Austral, lo mismo que la Boreal, muestran agradable coloración, que incluye el amarillo, mientras que la Bandurria Mora es gris ceniza. Pero quien parece haber acaparado la belleza es la Espátula, rosada en casi todo su plumaje, con toques de rojo carmín.

Identification

The size of these birds ranges from 16" (White-faced Ibis) to 24" (Plumbeous Ibis). Their appearance is quite uniform; they have a long neck and long legs without webbed feet. They also have a striking long and thin curved bill. The exception is the Roseate Spoonbill, whose bill, though long, is flat and wide at the tip. The Bare-faced, White-faced, Puna and Green Ibises look blackish and only the sheen of their plumage and the colour of their legs and bill help to identify them. The Black-faced and Buff-necked Ibises display nice colours, which include yellow, whereas the Plumbeous Ibis is ashy grey. But the most beautiful is the Roseate Spoonbill, whose plumage is almost totally pink, with touches of crimson red.

Distribución y hábitat

Viven, salvo la Bandurria Austral, más bien al norte. El Cuervillo de Cañada es el de mayor distribución invadiendo aún la Patagonia. El Cuervillo Cara Pelada y la Espátula Rosada se detienen en el centro del país, mientras que al Cuervillo Puneño habrá que buscarlo en las lagunas altoandinas en el Noroeste.
Todos prefieren ambientes acuáticos, y en el caso del Tapicurú, los de las selvas del Nordeste. El más abundante y quien más se aleja del agua es el Cuervillo de Cañada, a menudo, en áreas rurales.

Distribution and Habitat

Except for the Black-faced Ibis, all are found in the north. The White-faced Ibis is the most widespread and can be found even in Patagonia. The Bare-faced Ibis and the Roseate Spoonbill do not reach beyond the centre of the country, whereas the Puna Ibis is only to be found in the High Andean pools in the northwest.
They all prefer aquatic habitats and the Green Ibis is found in north eastern rainforests. The White-faced Ibis, which is the most abundant and can be found furthest away from water, is often in rural areas.

Cuervillos, bandurrias, espátulas: 8 especies en la Argentina, 32 en el mundo. El Ibis Escarlata, el más bello de los integrantes de la familia, fue alguna vez citado para el país.
Ibises and spoonbills: 8 species in Argentina, 32 worldwide. The Scarlet Ibis, the most beautiful member of the family, has once been mentioned for Argentina.

Comportamiento

Sociables la mayoría, vuelan con fuerte aleteo, llevando el cuello extendido, lo que a simple vista los diferencia de garzas. Las grandes bandadas formando una gran V abierta, que se suelen ver surcando el cielo, caracterizan al Cuervillo de Cañada.
La mayoría recorre el suelo húmedo en busca de alimento. Ingieren tanto materia vegetal como invertebrados, peces, etc. Salvo los Cuervillos de Cañada, todos se posan en árboles, comportamiento que abandonan la Espátula Rosada, las Bandurrias y el Cuervillo Cara Pelada, cuando se alejan de su distribución norteña.
En general, anidan en colonias, a veces enormes, cuando se trata del Cuervillo de Cañada. Estos y otros cuervillos ponen 3 o 4 huevos azules, en nidos de juncos, en bañados que comparten con otras especies e incluso con la Espátula Rosada, de huevos blancuzcos manchados de canela.

Behaviour

The majority are sociable. Their energetic flight and stretched-out necks helps to distinguish them from herons at a glance. The large flocks in a wide 'V' formation, often seen crossing the sky, are typical of the White-faced Ibis.
Most of them visit wetlands in search of food. They not only eat plant material, but also invertebrates, fish, etc. Except for the White-faced Ibis, they all alight on trees, although the Roseate Spoonbill, the Black-faced, Buff-necked, Plumbeous and Bare-faced Ibises do so only in the northern ranges.
They generally nest in colonies, which are sometimes enormous, as in the case of the White-faced Ibis. Ibisis lay three or four blue eggs in reed-made nests found in wetlands, which they share with other species, even with the Roseate Spoonbill, that lays whitish eggs with cinnamon spots.

Izquierda: Espátula Rosada - *Platalea ajaja* - *Roseate Spoonbill: Left.*

Bandurria Mora - *Harpiprion caerulescens* - *Plumbeous Ibis.*

Cuervillo de Cañada - *Plegadis chihi* *White-faced Ibis.*

Bandurria Austral - *Theristicus melanopis* - *Black-faced Ibis.*

Familia PHOENICOPTERIDAE

Flamencos y parinas: 3 especies en la Argentina, 5 en el mundo.
Flamingos: 3 species in Argentina, 5 worldwide.

Identificación

Inconfundibles por su tamaño (entre 62 y 70 cm), plumaje rosado (que fuera de ellos sólo posee la Espátula), larguísimos patas y cuello y, sobre todo, por un extraño pico fuertemente angulado. Los dedos poseen una membrana, útil para la natación, que sólo practican los jóvenes, blancuzcos. Diferenciar las tres especies entre sí no es sencillo. Habrá que observar detalles como la coloración de las patas, rojas en la Parina Chica.

Distribución y hábitat

El Flamenco Austral, el más común y conocido, habita lagunas, especialmente salobres en todo el país, y aún costas de mar, mientras que las Parinas prefieren las lagunas altoandinas en el Noroeste.

Identification

Unmistakable for of their size (from 25" to 28"), pink plumage (a feature only shared with the Roseate Spoonbill), very long legs and necks and, above all, a strange and very sharp bill. Their webbed feet are used for swimming, although this is only performed by the young, which are whitish. The three species are not easy to distinguish. It is necessary to observe details such as the colour of the legs, which are red in the Puna Flamingo.

Distribution and Habitat

The Chilean Flamingo, which is the most common and well known, dwells in ponds, especially of brackish water, throughout the country, and even along sea coasts, whereas the Puna and Andean Flamingos prefer High Andean pools in the northwest.

Comportamiento

Muy sociables, vuelan en fila con el cuello y las patas extendidas. Les cuesta levantar vuelo y necesitan carretear, por eso lo común es que se alejen caminando. El pico es herramienta con la que filtran el agua para retener pequeños crustáceos y otras criaturas.
Nidifican en colonias, donde tras extrañas danzas rituales de conjunto, ponen un solo huevo banco, calcáreo, en nidos muy próximos con forma de pequeños volcanes arcillosos.

Behaviour

They are very sociable. They fly in a line formation with stretched-out necks and legs. They find it difficult to take off and need to taxi. This is why they usually walk off when disturbed. Their bill is a specialized tool with which they filter the water to retain small crustaceans and other creatures.
They nest in colonies where, after strange group ritual dances, they lay one white calcareous egg in clay nests which are placed very close to one another and shaped like a miniature volcano.

Izquierda y abajo: Flamenco Austral - *Phoenicopterus chilensis* - *Chilean Flamingo: Left & below.*

Familia ANHIMIDAE

Chajás: 1 especie en la Argentina, 3 en total. Sólo en Sudamérica.
Crested Screamer: 1 species in Argentina, 3 in total. Only in South America.

Identificación

De unos 85 cm de alto, es inconfundible por su aspecto rechoncho, gruesas patas rojas, notable copete y dos collares, uno blanco y otro negro. Alas anchas con espolones, dedos sin palmadura y pico como de gallina, completan su descripción.

Identification

The Southern Screamer is about 34" tall and unmistakable because of its plump appearance, thick red legs, prominent crest and two collars, one of which is black and the other, white. They have wide, spurred wings, toes without webbing, and a hen-like bill.

Distribución y hábitat

Habita esteros, bañados y aun campos húmedos, desde el Norte al centro del país.

Distribution and Habitat

It lives in wetlands, marshes and even humid fields, from the north to the centre of the country.

Comportamiento

En pareja durante el período reproductivo, y en grupos en invierno, se alimentan de materia vegetal. Sus fuertes gritos, "chajá" y "chajío", son inconfundibles. Aunque desconozcamos su objetivo, vuelan con elegancia a gran altura, mostrando alas blancas y negras. Así recuerdan águilas.
Su liviandad deriva de las celdillas aéreas que posee bajo la piel. De allí lo de "pura espuma, como el chajá".
En un nido grande, oculto en el juncal, ponen cinco huevos blancuzcos.

Behaviour

It stays by its partner during the breeding season and they move around in groups during winter. They feed on plant material. Their very loud cries, 'chajá' and 'chajío', are unmistakable. They soar elegantly at great heights, displaying their black-and-white wings and resembling an eagle, but w the purpose of this exercise is not understood. They are extremely light birds, having air sacs located under its skin. In Spanish we say 'pura espuma, como el chajá' ('merely froth, like the southern screamer'). They can lay five whitish eggs in a large nest, hidden among the reedbeds.

Izquierda: Un Chajá cuidando sus pichones - *Chauna torquata* - *A Southern Screamer caring after its chicks: Left.*

Abajo: A simple vista no es fácil hallar diferencia entre los sexos. Sin embargo, macho y hembra difieren en la voz. Chajá, el nombre vulgar de la especie, es la onomatopeya del grito del macho.

Below: There are no obvious visual differences between the sexes. However, male and female have different calls. The Spanish common name, "Chajá", is a transliteration of the male's scream.

Familia ANATIDAE

Cisnes, cauquenes o avutardas, patos: 38 especies en la Argentina, 147 en el mundo.
Swans, geese, ducks: 38 species in Argentina, 147 worldwide.

Identificación

Aves acuáticas, desde 80 cm (Cisne Cuello Negro) hasta 28 cm (Pato de Collar), la mayoría de los patos oscila entre 30 y 40 cm. Bastante homogéneos, tienen patas cortas con dedos unidos por una membrana. Plumaje compacto e impermeable. El pico es muy característico, aplanado y ancho (su extremo es el Pato Cuchara) con una uña en la punta y laminillas en los bordes, que filtran el alimento. La mayoría posee plumas brillantes y coloridas en el ala (espejo) visibles en vuelo. El cuello es largo sólo en el Cisne Cuello Negro y en el Coscoroba, casi totalmente blanco, y más bien corto en los Quetros (patos vapor) y los patos zambullidores. Algunos son fáciles de identificar como el Cisne Cuello Negro, el Coscoroba, la Guayata, el Pato de Torrente o el Picazo, pero otros son muy parecidos entre sí como el Maicero y el Barcino. Habrá que extremar la observación, guía en mano, en casos como este.

Distribución y hábitat

La familia, en general, abarca todo el país, pero cada especie tiene sus preferencias. El Pato Real, conocido también como Criollo, el Crestudo, los tres Siriris, el casi extinto Pato Serrucho, el Pato Fierro y otros aparecen principalmente en el Norte; en cambio, el Pato de Anteojos, los Quetros y los Cauquenes (que migran al centro del país en invierno) viven en el Sur. Algunos son cordilleranos, como el hermoso Pato de Torrente, la Guayata o el Pato Puna, y varios pueden ser hallados en casi todo el territorio, incluidas las Malvinas, como el Pato Cuchara, el Colorado, el Capuchino, el Barcino y el más abundante, el Pato Maicero, hallado también en las Georgias. La mayoría habita cualquier ambiente acuático, pero los Quetros prefieren el mar, los Cauquenes son muy terrestres y el Pato de Torrente elige arroyos correntosos en la cordillera.

Identification

These are aquatic birds whose size ranges from 31" (Black-necked Swan) to 11" (Ringed Teal), although most ducks are between 12" and 16" in size. They are quite homogeneous and their short legs are web-footed. Their plumage is compact and waterproof. Their bill is very distinctive: it is flat and wide (the widest belongs to the Red Shoveler), with a nail at the tip and lamellae along the edges, used to filter food. The majority have brilliant and colourful feathers on their wings (speculum) which are visible in flight. Only the Black-necked Swan and the Coscoroba Swan, almost totally white, have a long neck. The steamer-ducks and Masked Duck have short necks. Some of these birds can be easily identified, such as the Black-necked Swan, the Coscoroba Swan, the Andean Goose, the Torrent Duck or the Rosy-billed Pochard, but others are very similar to each other, such as the Yellow-billed Pintail and the Speckled Teal. In such cases it will be necessary to watch them very carefully, with a field guide at hand.

Distribution and Habitat

They are found throughout Argentina, each species having preferences. Muscovy Duck, Comb Duck, the three whistling-ducks, the almost extinct Brazilian Merganser, Masked Duck and others mainly occur in the north. By contrast, the Spectacled Duck, steamer-ducks and geese (which migrate in winter to central Argentina) live in the south. The beautiful Torrent Duck, Andean Goose and Puna Teal live in the mountains, and some range across the country, including the Malvinas (Falkland) Islands, such as Red Shoveler, Cinnamon, Silver and Speckled Teals. The most abundant, Yellow-billed Pintail, is found even on South Georgia and South Sandwich islands. Most of them live in any aquatic habitat, but steamer-ducks prefer the sea, while geese are terrestrial and Torrent Ducks keep to torrential streams in the Andes.

Izquierda: Sirirí Colorado - *Dendrocygna bicolor* - *Fulvous Whistling-Duck: Left.*
Abajo: Pato Crestón - *Lophonetta specularioides* - *Crested Duck: Below.*

Cauquén Real - *Chloephaga poliocephala* - Ashy-headed Goose.

Cauquén Colorado - *Chloephaga rubidiceps* - Ruddy-headed Goose (SI).

Pato Cutirí hembra - *Amazonetta brasiliensis* - Brazilian Duck.

Pato Cutirí macho - *Amazonetta brasiliensis* - Brazilian Duck.

Pato Colorado hembra - *Anas cyanoptera* - Cinnamon Teal.

Pato Colorado macho - *Anas cyanoptera* - Cinnamon Teal.

Comportamiento

Patos y cisnes se mueven bien tanto en el agua, como en el aire o en tierra. Su vuelo es rápido y con mucho batido de alas. Así hacen desplazamientos y aun migraciones. El Pato Media Luna, por ejemplo, nidifica en el hemisferio norte y llega esporádicamente a la Argentina. Los Siriris se hallan tanto aquí como en África, porque en algún momento (o quizá aún hoy) han cruzado el Atlántico. Pese a su capacidad de vuelo, suelen caer por miles bajo el plomo de los cazadores.
En el agua son muy diestros y algunos, como los Patos Zambullidores, bucean. Los demás hallan su alimento, de preferencia, en el agua, cuchareando como el Pato Cuchara o sumergiendo la cabeza o parte del cuerpo. Así hallan los vegetales o animales que cada especie requiere. Los Cauquenes, cuando migran, se alimentan de pastos y de cultivos. Por eso son perseguidas, llegando a mermar sus poblaciones patagónicas, que fueron muy importantes. Uno de ellos, el Cauquén Colorado, está al borde de la extinción.
En el suelo andan con cierta dificultad, a veces, bamboleándose, como el Cisne. En cambio, los Siriris, de patas más altas, caminan bien. Algunos suben a los árboles, como el Sirirí Vientre Negro o el Pato Real, y varios lo hacen para nidificar en huecos, como el Barcino y el de Collar. La mayoría construye nidos de junco en el bañado, como el Pato Picazo y otros prefieren los pastizales cercanos a la laguna, como el Overo. Todos ponen muchos huevos (hasta quince), de tonos claros, sin manchas. El Pato Cabeza Negra es parásito y deja los suyos en los nidos de otros patos, o aun en el de otras aves como Caráus, y aun Chimangos y Caracoleros.

Behaviour

Ducks and swans feel very much at home on water, in the air and on the ground. They fly fast and with much flapping. In this way, they travel and even migrate. The Blue-winged Teal, for instance, nests in the northern hemisphere and only shows up in Argentina occasionally. Whistling-ducks can be found both here as well as in Africa because at one time they crossed the Atlantic (which may still be occurring today). In spite of their ability to fly, thousands of them fall to the mercy of hunters.
They are very skilful on water and some of them, like the Masked Duck, are divers. The rest find their food preferably in the water, by spooning it out like the Red Shoveler or by plunging their heads and neck into the water. It is in this manner that they find the vegetation and animals that each species requires. When geese migrate, they feed on grass and crops, for which they are chased, and this has led to a marked reduction of the Patagonian populations, once very important. One of them, the Ruddy-headed Goose, is on its way to becoming extinct. They have some difficulty walking on the ground, and sometimes sway, like swans. In contrast, whistling-ducks, which have longer legs, walk well. Some of these birds climb trees, like the Black-bellied Whistling-Duck or the Muscovy Duck, and several of them do so to nest in holes, like the Speckled or Ringed Teals. The majority build reed-made nests in wetlands, such as the Rosy-billed Pochard, while others prefer grass along the edge of lagoons, such as the Chiloe Wigeon. They all lay numerous spotless, light-coloured eggs (up to fifteen). The Black-headed Duck is a brood parasite, leaving its eggs in nests belonging to other ducks as well as other kinds of birds, such as the Limpkin, and even Chimango Caracara and Snail Kite.

Caranca - *Chloephaga hybrida* - *Kelp Goose* (SI).

Pato de Torrente - *Merganetta armata* - *Torrent Duck.*

Cisnes Cuello Negro y sus pequeños, de albo plumón - *Cygnus melancoryphus* - *Black-necked Swans and their little ones, covered in white down.*

Pato Picazo hembra - *Netta peposaca* - *Rosy-billed Pochard.*

Pato Picazo macho - *Netta peposaca* - *Rosy-billed Pochard.*

Pato de Collar macho - *Callonetta leucophrys* - *Ringed Teal.*

Pato de Collar hembra - *Callonetta leucophrys* - *Ringed Teal.*

Quetro Malvinero - *Tachyeres brachypterus* - *Falkland Steamer-Duck* (SI).

Quetro Austral - *Tachyeres pteneres* - *Flightless Steamer- Duck* (SI).

Abajo: Coscoroba - *Coscoroba coscoroba* - *Coscoroba Swan: Below.*

Familia CATHARTIDAE

Jotes y cóndores: 6 especies en la Argentina, 7 en total. Sólo en América.
Vultures and condors: 6 species in Argentina, 7 in total. Only in the Americas.

Identificación

Grandes y negras, con notable envergadura alar, que va de 1,40 m en el Jote Cabeza Negra, hasta 3 m en el Cóndor Andino, la mayor de las aves terrestres. Recuerdan águilas, pero parecen emparentados con las cigüeñas. Poseen cabeza sin plumas, rojiza en el Cóndor Andino (cuyo macho posee cresta) y en el Jote Cabeza Colorada; negruzca en el Cabeza Negra, y de tonos variados en el Jote Cabeza Amarilla y en el Jote Real. Este, conocido también como cóndor real, es el de plumaje más llamativo, con mucho blanco además de negro, y una envergadura de casi 2 m.
El pico es ganchudo, más largo que en las águilas y las patas blancas, cortas, con uñas no aptas para cazar. Las alas son anchas y largas.

Identification

They are large black birds with a remarkable wingspan, ranging from 4.5 ft (American Black Vulture) to 9.8 ft for the Andean Condor, the largest terrestrial bird. They remind us of eagles, but it seems they are more closely related to storks. They have a featherless head which is reddish in the Andean Condor (the male of which has a crest) and the Turkey Vulture, blackish in the American Black Vulture, while the Lesser Yellow-headed and King Vultures have a variety of colours. The latter, also referred to as the American King Vulture, has the most eye-catching plumage, with a great deal of white as well as black, and a wingspan of almost 6.5 ft. Their bill is hooked, longer than that of eagles, and their legs are white and short, with claws unsuitable for hunting. Their wings are long and wide.

Distribución y hábitat

El Cóndor Andino encuentra su ambiente preferido en las grandes alturas de la cordillera y en las sierras altas de Córdoba. El Jote Cabeza Colorada, habitante de casi todo el país, es común en la Patagonia, y el abundante Jote Cabeza Negra deja de serlo en el Sur, pero en otros países de América, suele caminar hasta por calles de pueblos. Los demás, incluso el selvático Jote Real, no se alejan del Norte.

Distribution and Habitat

The Andean Condor prefers the great heights of the Andes and the high sierras in Córdoba. The Turkey Vulture, which is found in almost every corner of Argentina, is common in Patagonia. The abundant American Black Vulture is not so common in the south, but in other American countries it can be seen even walking along village streets. The rest, including the rainforest-dwelling King Vulture, are restricted to the north of the country.

Comportamiento

Varios, como el Jote Cabeza Negra, son sociables y forman bandadas, tanto en derredor de la carroña de la que se alimentan, como volando alto, en círculos, con mucho planeo. El rey en este sentido es el Cóndor, mientras que el Jote Cabeza Negra es quien más a menudo bate las alas, por su menor envergadura. Al planear, separan las plumas de vuelo como dedos de una mano. A veces se asientan con las alas abiertas. Ponen hasta dos huevos, blancos o algo manchados, en grandes oquedades a menudo en la roca. Los sitios de nidificación de los Cóndores son conocidos como "condoreras" y se perpetúan por años.

Behaviour

Several of them, like the American Black Vulture, are sociable and form flocks not only around the decaying flesh on which they feed, but also while gliding high and in circles. To this effect, the king is the Andean Condor, whereas the American Black Vulture is the one which flaps its wings most often because of its shorter wingspan. When gliding, they separate the flying feathers like the fingers of a hand. They sometimes alight with open wings. They lay up to two eggs, which may be white or slightly spotted, in large cavities often located in rocks. The places where the condors nest are known in Spanish as "condoreras" and are reused over many years.

Arriba izquierda: Jote Cabeza Amarilla - *Cathartes burrovianus* - *Yellow-headed Vulture: Above left.*
Arriba derecha: Jote Real - *Sarcoramphus papa* - *King Vulture: Above right.*
Izquierda: Cóndor, el majestuoso rey de los Andes - *Vultur gryphus* - *Andean Condor, the majestic king of the Andes: Left.*

Derecha: Jote Cabeza Negra
Coragyps atratus
Black Vulture: Right.

Los jotes, en plena tarea de limpieza. Al eliminar la carroña se convierten en verdaderos basureros del campo.

Vultures dealing with a carcass. By feeding to the bone they cleanse the countryside becoming veritable garbage collectors.

Familia ACCIPITRIDAE

Gavilanes, aguiluchos, milanos, águilas: 41 especies en la Argentina, 238 en el mundo.
Harriers, hawks, kites, eagles: 41 species in Argentina, 238 worldwide.

Identificación

Rapaces diurnas de pico corto y ganchudo y fuertes patas, con poderosas garras curvas. Alas largas. Las hembras suelen ser mayores que los machos. Las patas del ave más poderosa que existe, la Harpía, tienen el grosor de un brazo humano. Su altura es de 90 cm en la hembra y 70 en el macho. Otras águilas suelen ser también grandes y fuertes, calidad que va disminuyendo en aguiluchos y gavilanes, hasta llegar al Esparvero Chico, cuyo macho mide 20 cm (la hembra, 26 cm) o al Milano Chico, de 22 cm. En general, la coloración es modesta, siendo el Aguilucho Pampa, el de plumaje más rico, con su cuerpo rojizo y cabeza blanca. Rojizo es también el Aguilucho Colorado. Tal vez el Milano Tijereta sea el más espectacular, con larga y bifurcada cola como tijera y su plumaje blanco y negro.
Los jóvenes de muchas especies van cambiando su librea cada año, hasta alcanzar el plumaje adulto, constituyendo un problema su identificación, y a la vez, un incentivo. Algunas especies, como el Aguilucho Común o el Gavilán Planeador, presentan además fases de coloración.
El Águila Pescadora con aspecto de gavilán, de unos 50 cm, y plumaje blanco y negro es como una gaviota grande, con largas alas anguladas.

Identification

These diurnal birds of prey have a short hooked bill, strong legs with powerful curved claws and long wings. Female are usually larger than the male. The legs of the most powerful bird in existence, the Harpy Eagle, are as thick as a human arm. The female is 35.4 in tall and the male 27.5 in. Other eagles are also large and strong, less so for the hawks and harriers, while the male of the Tiny Hawk measures 7.8" (the female is 10.2") and the Pearl Kite 8.6". Coloration is usually very modest. The Black-collared Hawk has the richest plumage, with a reddish body and a white head. The Savanna Hawk is also reddish. The Swallow-tailed Kite is perhaps the most spectacular, with black and white plumage and a long forked tail resembling a pair of scissors. The young of many species molt every year until they attain the adult plumage. Identifying them is therefore both a problem and an interesting challenge. Some species, such as the Red-backed Hawk or the Long-winged Harrier, have colour phases as well. The hawk-like Osprey, which is about 20" in size and has black and white plumage, resembles a large gull with long angled wings.

Izquierda: Águila Crestuda Real - *Spizaetus ornatus*
Ornate Hawk-Eagle: Left.
Derecha: Aguilucho Alas Largas - *Buteo albicaudatus*
White-tailed Hawk: Right.
Abajo izquierda: Águila Coronada - *Harpyhaliaetus coronatus*
Crowned Eagle: Below left.
Abajo centro: Gavilán Mixto - *Parabuteo unicinctus*
Bay-winged Hawk: Below center.
Abajo derecha: Águila Mora - *Geranoaetus melanoleucus*
Black-chested Buzzard-Eagle: Below right.

Distribución y hábitat

En una familia tan heterogénea no es fácil establecer patrones. Existen rapaces (como suele llamárselos) que habitan selvas, como el Águila Monera o la Harpía; otras que prefieren bañados, como el Gavilán Planeador o el Caracolero; o ríos como el Águila Pescadora; que eligen sitios montañosos, como el Aguilucho Puna; o campos y llanuras preferidos por muchas especies, como el Águila Mora, que se distribuye por casi todo el país; o también el Milano Banco, que en su expansión hacia el Sur, aún no alcanzó la Patagonia extrema. Al Taguató Común se lo encuentra a menudo al costado de rutas. Algunas especies, como el Aguilucho Chico, son endémicas del bosque andino-patagónico y unas pocas, como el Milano Migrador, nidifican en el hemisferio norte para alcanzar sabanas del Nordeste argentino.
El Águila Pescadora recorre lagos, ríos, diques, arroyos y costas de mar de todo el Norte hasta el centro del país, adonde llega ocasionalmente en verano, en migración desde el hemisferio norte.

Distribution and Habitat

It is not easy to establish distribution patterns in such a heterogeneous family. Some birds of prey (as they are usually referred to) live in rainforests, such as the Crested and Harpy Eagle. There are others which prefer wetlands, such as the Long-winged Harrier and the Snail Kite. Some of them opt for rivers, such as the Osprey. The Puna Hawk chooses mountainous areas. Many species prefer fields and plains, such as the Black-chested Buzzard-Eagle, which can be found in almost every region in the country, or the White-tailed Kite, which is expanding southwards but has not yet reached extreme Patagonia. Roadside Hawks are often found along the side of roads. Some species, such as the White-throated Hawk, are endemic to the sub-Antarctic forests and a few species, such as the Mississippi Kite, nest in the northern hemisphere and reach the savannas in the northeast of the country. The Osprey turns up at lakes, rivers, dams, streams and sea coasts from the north to the centre of the country, where it can occasionally be found during the summer, migrating from the northern hemisphere.

Abajo izquierda: Harpía - *Harpia harpyja* - *Harpy Eagle: Below left.*
Abajo derecha: Águila Crestuda Negra - *Spizaetus tyrannus* - *Black Hawk-Eagle: Below right.*

Arriba izquierda: Gavilán Planeador - *Circus buffoni* - *Long-winged Harrier: Above left.*
Arriba derecha: Aguilucho Colorado - *Heterospizias meridionalis* - *Savanna Hawk: Above right.*
Abajo: Caracolero, hábil para separar el molusco de su caparazón- *Rostrhamus sociabilis* - *Snail Kite, skilful at separating the snail from its shell: Below.*

Comportamiento

De dieta cárnea, cazan con las garras y utilizan el pico para desgarrar la presa, que va desde monos y otros mamíferos medianos en las grandes águilas, pasando por aves, hasta ratones, murciélagos, peces, reptiles, huevos y aún carroña, en los demás.
Excelentes voladores todos, suelen planear con soltura, a gran altura como el Águila Mora, o bajo sobre campos y bañados como el Gavilán Planeador. Hay los que se quedan en un punto batiendo fuertemente las alas (halconeo), para lanzarse luego en picada, como el Milano Blanco o el Gavilán Mixto
De postura erecta y solitarios, son raras las bandadas, como la del migrador Aguilucho Langostero o del Milano Plomizo.
Pocas especies como el Gavilán Ceniciento, o el Caracolero, nidifican en colonia, mientras la mayoría lo hace en forma solitaria, poniendo en un nido de ramas, a menudo en árboles, varios huevos manchados. El Águila Pescadora recorre con lento aleteo a media altura los cursos de agua, para lanzarse en picada sobre un pez, que atrapa con sus garras. A menudo se sostiene en un mismo punto agitando las alas y en otras acecha posada desde alguna eminencia. No nidifica en la Argentina.

Behaviour

They are carnivorous. They hunt with their claws and use their bill to tear their prey apart, which for the largest eagles ranges from monkeys and other medium-sized mammals, while for others it may be birds, mice, bats, fish, reptiles, eggs and even decaying flesh.
They are all excellent fliers, often gliding with ease. Some do so at great heights, like the Black-chested Buzzard-Eagle, or low over fields and wetlands, like the Long-winged Harrier. Some can hover, flapping their wings energetically and swooping down on their prey, such as the White-tailed Kite or the Harris Hawk.
Very few of these upright birds form flocks, such as migrating Swainson´s Hawk or Plumbeous Kite.
Few species, such as the Cinereous Harrier or the Snail Kite, nest in colonies. The majority do so on their own, laying several spotted eggs in nests made of branches and often located on trees. Ospreys fly over watercourses at middle height, flapping their wings slowly, and swooping down to take a fish using their claws. They also hover or perch high to seek out their prey. They do not nest in Argentina.

Familia FALCONIDAE

Halcones, caranchos, chimangos: 15 especies en la Argentina, 61 en el mundo.
Falcons, caracaras: 15 species in Argentina, 61 worldwide.

Identificación

Parecidos a gavilanes o milanos, se distinguen por importantes, pero poco notables diferencias anatómicas, como poseer el pico con borde dentado. De cola larga, miden entre 55 cm el Carancho, hasta 25 cm los Halconcitos Gris y Colorado. Por comportamiento, se distinguen dos grupos: el que encabezan el Carancho y el Chimango, de alas largas y romas, y el de los halcones verdaderos, con alas largas y agudas.

Identification

They resemble kites or hawks, but are told apart by importan by subtle anatomical differences, such as a serrated bill. They have a long tail, ranging from 22" in the Southern Crested-Caracara to 10" in the Spot-winged Falconet and the American Kestrel. Based on behaviour we can distinguish two groups: one led by the Southern Crested-Caracara and Chimango Caracara, having long and blunt wings; in contrast, true falcons have long and pointed wings.

Distribución y hábitat

Salvo los Halcones Monteses y los Halcones Negros, que habitan selvas y bosques del norte, los demás eligen grandes espacios abiertos, andinos en el caso de los Matamicos, y llanuras y áreas rurales el resto. El Chimachima y el Guaycurú no avanzan hacia el Sur, pero algunas especies pueden ser halladas en todo el territorio, como el Halcón Plomizo, el Halconcito Colorado, el Carancho y el Chimango.

Distribution and Habitat

The forest-falcons and the Bat and Orange-breasted Falcons, prefer northern forests and rainforests, but the rest select more open spaces. White-throated and Striated Caracaras prefer the Andean region, whereas others choose the plains and rural areas. The Yellow-headed Caracara and the Laughing Falcon do not venture southwards. Some species can be found throughout the country: the Aplomado Falcon, the American Kestrel, the Southern Crested-Caracara and the Chimango Caracara.

Comportamiento

Es en cuando a la forma de procurarse alimento, donde los dos grupos mencionados se diferencian con claridad. El de los Caranchos y Chimangos, aunque buenos voladores, son bastante terrícolas y a menudo caminan. Como alimento eligen carroña –el Carancho alguna vez caza–, y el Chimango suele visitar basureros rurales y junto al Carancho, aprovechar la mesa puesta en las rutas con los animales atropellados. Al grupo de los Halcones verdaderos (género Falco), lo componen excelentes cazadores aéreos y, entre ellos, el rey, el poderoso Halcón Peregrino, que realiza acrobacias aéreas y despliega increíble velocidad en la captura de palomas, patos, etc., a veces, mayores que él. Los de este grupo se posan erguidos y para nidificar tienden a ocupar huecos o nidos abandonados, mientras que el grupo de los Chimangos construye con ramas.
El del Carancho es enorme. Ponen huevos manchados.

Behaviour

Feeding techniques clearly distinguish the two groups. Caracaras and allies, although good fliers, are quite terrestrial and can often be seen walking. They choose to feed on decaying flesh. Southern Crested-Caracaras sometimes hunt, while Chimango Caracaras often visit rural rubbish dumps and, together with the former, make good use of roadkill. True falcons (Falco genus) *excel by hunting on the wing. The star is the powerful Peregrine Falcon, that performs aerobatics and reaches incredible speeds when taking prey such as pigeons, ducks, etc., often larger than the hunter itself. Members of this group alight upright and tend to nest in holes and abandoned nests, whereas the members of the other group build their own nests of branches. The nest of the Southern Crested-Caracara is enormous. They lay spotted eggs.*

Izquierda: Halcón Peregrino - *Falco peregrinus* - *Peregrine Falcon: Left.*
Abajo izquierda: Chimango - *Milvago chimango* - *Chimango Caracara: Below left.*
Abajo derecha: Halcón Negro Chico - *Falco rufigularis* - *Bat Falcon: Below right.*

También las aves rapaces llevan algodón de palo borracho para tapizar su nido.
Raptors also bring cotton-wool fibers from the white silk floss tree to line the nest.

Arriba izquierda: Chimachima - *Milvago chimachima* - *Yellow-headed Caracara: Above left.*
Arriba derecha: Halcón Plomizo - *Falco femoralis* - *Aplomado Falcon: Above right.*
Abajo: Carancho - *Polyborus plancus* - *Southern Crested-Caracara: Above.*

El Carancho se está alimentando de restos bovinos.
A Southern Crested-Caracara feeding on the remains of a cow.

Arriba izquierda: Halconcito Gris - *Spiziapteryx circumcinctus* - *Spot-winged Falconet: Above left.*
Arriba derecha: Halconcito Colorado macho - *Falco sparverius* - *American Krestel: Above right.*
Abajo: Matamico Grande - *Polyborus australis* - *Striated Caracara: Below* (SI).

Un Matamico Grande en las Malvinas.
A Striated Caracara on the Malvinas (Falkland) Islands.

Familias CRACIDAE - PHASIANIDAE

Familia CRACIDAE (Charatas, pavas de monte: 6 especies en la Argentina, 50 en total. Sólo en América)
Familia PHASIANIDAE (Urúes, codornices, faisanes: 3 especies en la Argentina, 32 en el mundo)
Family CRACIDAE (Chachalacas, guans and curassows: 6 species in Argentina, 50 in total. Only in the Americas.)
Family PHASIANIDAE (Quails, pheasants: 3 species in Argentina, 32 worldwide.)

Identificación

Los miembros de la familia Cracidae recuerdan a sus parientes, los pavos. El mayor representante es el Muitú (85 cm), de notable cresta enrulada, y la pava menor es la Charata, de 52 cm. Todas tienen cola larga y cabeza pequeña, con patas y dedos fuertes. Las caracteriza su cara y gargantas rojas, sin plumas, sobre un vestuario negro lustroso, con toques de blanco sólo en la Yacutinga, el Muitú y el Yacupoí. La excepción en cuanto al plumaje luctuoso corresponde a la pardusca y opaca Charata.
De los tres integrantes de la familia Phasianidae, la Codorniz de California (23 cm), tiene un distintivo copete; el Urú (25 cm), de tonos modestos, sólo puede lucir su ceja canela y el Faisán Plateado, asilvestrado es, con su bonito plumaje, una verdadera joya.

Distribución y hábitat

Las pavas de monte habitan selvas o bosques del norte. Sólo avanza algo hacia el Sur la Común, que alcanza el Delta del Paraná. La Charata vive en bosques de tipo chaqueño.
Los urúes, única especie nativa entre los integrantes de la familia Phasianidae, no se alejan de la selva misionera. Las codornices de California han colonizado un área en el oeste de la Patagonia norte, y al Faisán Plateado, también introducido en nuestro país, habita la isla Victoria y cercanías.

Identification

The Argentine members of the Cracidae family remind us of close relatives: turkeys. Most striking of all is the Bare-faced Curassow (33.4"), which has an impressive curly crest, while the smallest is the Chaco Chachalaca, which is 20". They all have long tails, a small head, and strong legs and toes. A notable feature is their featherless red faces and throats and shiny black plumage. Only the Black-fronted Piping-Guan, Bare-faced Curassow and Rusty-margined Guan display white spots. Only the plumage of the Chaco Chachalaca is plain: opaque and brownish-grey.
As for the three members of the Phasianidae family, the California Quail (9") has a distinctive crest, the modest-coloured Spot-winged Wood-Quail (10") only has a cinnamon brow to boast, while the Silver Pheasant, now found in the wild, is a real jewel with its attractively-coloured feathers

Distribution and Habitat

These birds dwell in northern rainforests or forests. Only the Dusky-legged Guan penetrates a further south and reaching the Paraná River delta. The Chaco Chachalaca lives in subtropical forests.
The Spot-winged Wood-Quail, the only native species among the members of the Phasianidae family, is restricted to the rainforests of Misiones. The California Quail has colonized an area in the northwest of Patagonia, and the Silver Pheasant, also introduced to Argentina, inhabits Victoria Island and the surrounding area near Bariloche.

Izquierda y abajo: Yacutinga - *Aburria jacutinga* - *Black-fronted Piping-Guan: Left & below.*

Arriba: Codorniz de California (izq.: hembra; der.: macho) - *Lophortyx californica*
California Quail (left: female; right: male): Above.

Izquierda: Yacupoí
Penelope superciliaris
Rusty-margined Guan: Left.

Comportamiento

Se mueven con comodidad tanto en árboles como en el suelo, muchas veces, en grupos. Saltan de rama en rama y vuelan poco, mostrándose esquivas. No les falta razón porque suelen ser presa de cazadores. Algunas pavas, como la Charata, tienen voces estridentes. La alimentación es variada e incluye hojas, flores e insectos, aunque parecen preferir frutos. El nido es una simple plataforma de palitos donde ponen de 2 a 4 huevos blancos.
Los miembros de la familia Phasianidae andan en grupos. Al Urú se lo ve poco, pero se oye su aflautada voz, que repite su nombre. Las Codornices de California, por el contrario, recorren terrenos arbustivos áridos, donde para ocultarse prefieren correr o volar. El nido lo hacen en una depresión del suelo poniendo muchos huevos manchados.

Behaviour

The members of the Cracidae family move about comfortably in trees and on land, often in groups. They leap from branch to branch and hardly ever fly, looking elusive. There is a reason for this, though, since they are very often hunted. Some of them, such as the Chaco Chachalaca, make strident sounds. Their diet is varied and includes leaves, flowers and insects, although they seem to prefer fruit. Their nest is a simple platform made of sticks where they lay from two to four white eggs. The members of the Phasianidae family move about in groups. The Spot-winged Wood-Quail is hardly ever seen, but you can hear its fluty voice repeating its Spanish name over and over: Urú. In contrast, the California Quail moves around arid bushland where it can easily hide, running or flying away from danger. They nest in a depression in the ground, where they lay many spotted eggs.

Muitú (derecha: macho; abajo: hembra)
Crax fasciolata - *Bare-faced Curassow (right: male; below: female).*

El Muitú es la mayor y más espectacular entre las pavas de monte y, como consecuencia, la más perseguida. Este notable monumento natural está en riesgo extremo.

The Bare-faced Curassow is the largest and most spectacular of the Guan family, and therefore, the most hunted. The conservation status of this outstanding natural monument is in a critical state.

Familias ARAMIDAE - HELIORNITHIDAE

Familia ARAMIDAE (Caraus: 1 especie en la Argentina y en total. Sólo en América).
Familia HELIORNITHIDAE (Ipequíes: 1 especie en la Argentina, 3 en el mundo).
Familia RALLIDAE (Gallinetas, burritos, gallaretas, pollonas: 25 especies en la Argentina, 133 en el mundo).
Family ARAMIDAE (Limpkins: comprises a single species, found in Argentina. Only in the Americas.)
Family HELIORNITHIDAE (Sungrebes: 1 species in Argentina, 3 worldwide.)
Family RALLIDAE (Rails, crakes, coots, gallinules: 25 species in Argentina, 133 worldwide.)

Identificación

El Carau es un ave de 52 cm, que recuerda un cuervillo, también con patas largas, aunque mayor y con el pico, amarillento, más grueso y recto. Plumaje negruzco, con lo superior del cuello chorreado de blanco.
Las gallinetas, gallaretas, etc. son aves de alas cortas y redondeadas y cola también corta. Los dedos largos en las gallaretas son lobulados, útiles para la natación. Los de la Pollona Negra no tienen lóbulos y nadan muy bien, a menudo, junto a gallaretas. El Ipacaá es el mayor (42 cm) y el extremo en pequeñez es el Burrito Enano, con 11 cm. Aunque no suelen poseer colores notables, la Polla Sultana (28 cm) muestra un bello plumaje azul violáceo. Las seis gallaretas son negruzcas y las diferencia el color del pico y el de un escudo frontal (escudete). También se ven oscuras las cuatro gallinetas, aunque la Overa tiene salpicaduras blancas. Los burritos son también oscuros, pese a que existe un Burrito Amarillo, y la mayoría tiene toques de blanco. El Chiricote es bastante colorido.
Los ipequíes o aves de sol tienen aspecto de macás, con largo pico rojo y ancha cola negra, también larga. Cabeza y cuello muestran notables fajas blancas y negras, mientras es blanco todo lo inferior.

Identification

The Limpkin is a 20" bird with the appearance of an ibis. Like an ibis, it has long legs. It is, however, larger in size and its yellowish bill is wider and straight. Its plumage is blackish with the upper part of its neck spotted with white droplets.
Rails, coots, etc. have short rounded wings as well as a short tail. Coots have long lobed toes which are useful for swimming. The Common Gallinule does not have lobed toes but even so swims very well, often together with other coots. The largest of all is the Giant Wood-Rail (16.5") while the smallest is the tiny Speckled Crake (4.3"). Although most members of this family do not have attractive colours, the American Purple Gallinule (11") displays a beautiful purple-blue coat. The six coots are blackish and they can be distinguished by the colour of their bill and shield. The four rails also look dark, although the Spotted Rail has white spots. Crakes are also dark, even though there is a Yellow-breasted Crake, and most of them have a touch of white. The Grey-necked Wood-Rail is quite colourful. Sungrebes look much like grebes with a long red bill and a wide black tail which is also long. Their head and neck display striking black and white stripes, whereas their underparts are white.

Distribución y hábitat

El Carau vive en ambientes acuáticos desde el Norte hasta Córdoba y Buenos Aires.
La mayoría de las gallinetas vive en lagunas y bañados del Norte, y tanto la Saracura como la Gallineta Negruzca, no se alejan de la selva misionera, pero otras especies de la familia se expanden por todo el país. Eso ocurre con la Gallineta Común y las Gallaretas Ligas Rojas, Escudete Rojo y Chica. La Polla Pintada y varios burritos prefieren los bañados pampeanos.
Los ipequíes apenas alcanzan el Nordeste argentino, donde son escasos y viven ocultos entre la vegetación que cae sobre el río.

Distribution and Habitat

Limpkins dwell in wetlands, from the north down as far as the provinces of Córdoba and Buenos Aires. Most rails live in pools and wetlands in the north. Neither the Slaty-breasted Wood-Rail nor the Blackish Rail leaves the Misiones rainforest, but other species belonging to the family fan out across the country. This is the case of the Plumbeous Rail and the Red-gartered, Red-fronted and White-winged Coots. The Spot-flanked Gallinule and several crakes prefer the wetlands in the Pampas. Sungrebes only turn up in the northeast tip of the country, where they are scarce, hiding among the vegetation that dangles over the river.

Izquierda: Gallareta Chica - *Fulica leucoptera* - *White-winged Coot: Left.*
Esta moderna Gallareta Chica con su pichón, aprovechó una plancha de telgopor para construir un nido a prueba de inundaciones.
This modern-day White-winged Coot makes good use of a slab of expanded Styrofoam to build an unsinkable nest.

Arriba izquierda: Gallineta Overa - *Rallus maculatus* - *Spotted Rail: Above left.*
Arriba centro: Gallareta Ligas Rojas *Fulica armillata* - *Red-gartered Coot: Above center.*
Arriba derecha: Gallineta Común - *Rallus sanguinolentus* - *Plumbeous Rail: Above right.*
Derecha: Pollona Azul - *Porphyrula martinica* - *Purple Gallinule: Right.*

Comportamiento

Aunque oculto y protegido por la densa vegetación acuática, el Carau (también llamado "viuda loca", tal vez por sus gritos destemplados), tras la nidificación se junta en grupos en campos y aun en cunetas cerca de caminos. Posee un vuelo característico, con aletazos desde la horizontal hacia arriba y con las plumas primarias separadas. Tampoco sorprende verlo en postes o en arbustos cerca del agua. Se alimenta mayormente de bivalvos y caracoles acuáticos. Construye un nido de juncos donde pone hasta siete huevos manchados.

También ligados al agua, los rálidos prefieren matorrales húmedos, y sólo las gallaretas y la Pollona Negra nadan en lugares abiertos. La Gallareta Chica es común en cunetas. También caminan en las cercanías de lagunas y corren hacia ellas para huir nadando, pues el vuelo es muy débil y requiere carreteo. Aunque este es carácter de toda la familia, de noche, cuando nadie las ve, hacen importantes desplazamientos aéreos. Burritos y gallinetas viven escondidos y salen al claro por excepción. En cambio, tienen voces poderosas que los identifican a distancia. Muchos de sus nombres –Ipacaá, Chiricote o Saracura– son onomatopéyicos.

Omnívoros, se alimentan de invertebrados y pequeños vertebrados, además de semillas, hierbas, etc.

Nidifican en los pantanos, muchas veces, en nidos abiertos de juncos. En las gallaretas suele ser flotante. Ponen muchos huevos, bien manchados.

Los ipequíes o aves de sol son solitarios y tímidos, nadan con el cuerpo hundido y zambullen, como un macá, pero vuelan bien y a menudo. Es notable su silbo aflautado. La alimentación es omnívora. En un nido chato ponen varios huevos manchados. Transportan a sus pichones, aun en vuelo, en cavidades que poseen debajo de las alas.

Behaviour

Even though it remains hidden and protected by dense aquatic vegetation, the Limpkin (also referred to as 'crazy widow', perhaps due to their deranged screams) after nesting congregates on fields and even in ditches near paths. Its flying is distinctive: it flaps its wings from the horizontal upwards with its primary feathers separated. It is not surprising to see it on posts or bushes near the water. It feeds mostly on bivalves and apple snails. It builds a reed nest where it lays up to seven spotted eggs.

The Rallidae family is also associated with aquatic habitats. They prefer wet scrubland, and only coots and Common Gallinule swim on open waters. The White-winged Coot is commonly found in ditches. They also walk along pools edges, and run to the water to swim away, since their flight is weak and needs taxiing. Although this is characteristic of the whole family, at night, when nobody sees them, they fly for considerable distances. Crakes and rails are constantly hidden and only exceptionally come out into the open, but they do instead produce powerful calls that allow identification from a distance. Many of their names in Spanish –Ipacaá, Chiricote or Saracura– are derived from their typical call.

They are omnivores and feed on invertebrates and small vertebrates, as well as seeds, herbs, etc.

They nest in marshes, often in open nests made of reeds. Coots usually have floating nests. They lay many highly-spotted eggs.

Sungrebes are solitary and shy. They swim with their bodies underwater and dive, like grebes, but fly well and often. Their call is a remarkable fluty whistle. As for their eating habits, they are omnivores. They lay several spotted eggs in a flat nest and carry their young, even in flight, in pockets located under their wings.

Pollona Negra - *Gallinula chloropus* - *Common Gallinule.*

Chiricote - *Aramides cajanea* - Gray-neckled Wood-Rail.

Ipacaá - *Aramides ypecaha* - Giant Wood-Rail.

Saracura - *Aramides saracura* - Slaty-breasted: Below.

Ipequí - *Heliornis fulica* - Sungrebe (HRG).

Carau - *Aramus guarauna* - Limpkin.

Familia CARIAMIDAE

Chuñas: 2 especies en la Argentina y en total. Sólo en América.
Seriemas: only 2 species, both in Argentina. Only in the Americas.

Identificación

Emparentadas con antiguas aves de América, no tienen en la actualidad parientes cercanos. Con un plumaje laxo gris pardusco, y pico como de gallina, poseen cuello, patas, cola largos, y alas cortas y redondeadas. La Chuña Patas Rojas (70 cm) se distingue, además de su tamaño y el color de sus tarsos rojos, por un despeinado penacho frontal. A la menor (57 cm), la identifica el negro de sus patas.

Distribución y hábitat

Habitan bosques y terrenos arbustivos, desde el Norte hasta el centro del país.

Identification

They are related to ancient species of birds from the Americas, having today no close relatives. They have slack brownish-grey plumage and a hen-like bill. Their neck, legs and tail are long, and their wings are short and rounded. Apart from its size and red tarsi, the Red-legged Seriema (27.5") stands out because of a ruffled frontal tuft. The other Seriema (22.4") is characterised by its black legs.

Distribution and Habitat

They dwell in forests and bushland, from the north to the centre of the country.

Comportamiento

Grandes caminadoras, prefieren alejarse corriendo con agilidad, a volar. Emiten voces potentes, a veces, en grupos. Su dieta variada incluye vertebrados pequeños como ratones o culebras, y pichones y huevos de aves. Si la presa es grande –un huevo, digamos–, la arrojan con fuerza contra una superficie dura, hasta romperla. Ponen en un desprolijo nido de palitos, dos o tres huevos manchados.

Behaviour

They are good walkers and will rather run away than fly. Their call is loud and sometimes choired. Their varied diet includes small vertebrates, such as mice, snakes, chicks and bird eggs. If their prey is large –an egg, for instance–, they toss it briskly against a hard surface until it breaks. They lay two or three spotted eggs placed in an untidy nest made of sticks.

Izquierda y abajo derecha superior: Chuña Patas Negras - *Chunga burmeisteri* - *Black-legged Seriema: Left & below right top.*
Abajo izquierda y derecha inferior: Chuña Patas Rojas - *Cariama cristata* - *Red-legged Seriema: Below left & right bottom.*

Familias JACANIDAE - ROSTRATULIDAE

Familia JACANIDAE (Jacanas: 1 especie en la Argentina, 8 en el mundo).
Familia ROSTRATULIDAE (Aguateros: 1 especie en la Argentina, 2 en el mundo).
Family JACANIDAE (Wattled Jacana: 1 species in Argentina, 8 worldwide.)
Family ROSTRATULIDAE (South American Painted-Snipe: 1 species in Argentina, 2 worldwide.)

Identificación

La Jacana o gallito de agua, de unos 22 cm, es inconfundible por su comportamiento y coloración. Negra, con lo superior rojizo; al abrir sus alas, con espolón, muestra una notable área amarilla. También el joven, a menudo visto pues la librea inmadura la lleva largo tiempo, es llamativa por el blanco de todo lo inferior y, como los adultos, tiene largas patas y dedos enormes (13 cm).
El Aguatero (Familia Rostratulidae), poco conocido por la dificultad de verlo, mide unos 17 cm, y posee largo pico verde, curvado en la punta. Negruzco, tiene blanco el vientre, al igual que las pecas en el ala. También muestra una "V" ocrácea en la espalda.

Distribución y hábitat

La Jacana habita diversos ambientes acuáticos, a menudo con vegetación flotante, desde el norte hasta el centro del país. El Aguatero, en cambio, vive en pantanos y sabanas anegadas, por el este, hasta el norte de la Patagonia.

Identification

The Wattled Jacana or Lily-Trotter, which is 8.6" in size, is unmistakable because of its behaviour and coloration. It is black with reddish upper parts; when it opens its spurred wings, it displays a striking yellow area. The young, which are often seen as the immature plumage is retained for a long time, have white underparts that attract the attention of the viewer. As with the adults, they also have long legs and enormous toes (5").
The South American Painted-Snipe (Rostratulidae family), little-known because it is difficult to see, is 6.7" in size and has a long greenish bill which is curved at the tip. It is blackish, with a white belly and wing spots. It also displays a striking ochre "V" shape on its back.

Distribution and Habitat

The Wattled Jacana is found in different water environments, often with floating vegetation, from the north to the centre of the country. The South American Painted-Snipe, in contrast, lives in flooded savannas and marshes, in the east and as far as northern Patagonia.

Arriba: Jacana con pichones - *Jacana jacana*
Wattled Jacana: Above.
Derecha: Aguatero - *Nycticryphes semicollaris* - *South American Painted-Snipe: Right.*
Izquierda: Jacana juvenil - *Jacana jacana*
Wattled Jacana: Left.

Comportamiento

Confiadas, las Jacanas caminan a zancadas sobre la vegetación flotante, aprovechando sus largos dedos y magro peso. A menudo, la hembra se aparea con más de un macho (poliandria). Sobre esas mismas plantas flotantes, en un nido casi inexistente, pone cuatro huevos con bonitos dibujos en negro.

Los aguateros viven ocultos y tienen actividad crepuscular y movimientos sigilosos. Caminan agachados. Su vuelo es bajo, corto y silencioso. En un nido apenas construido en el suelo, ponen dos bonitos huevos manchados.

Behaviour

The Wattled Jacana is a trusting bird which strides on floating vegetation taking advantage of its long toes and lean body. The female often mates with more than one male (polyandry). It is on that floating vegetation, in an almost inexistent nest, that it lays four eggs with pretty black markings.

The South American Painted-Snipe is constantly hidden. It is active in the evening and makes quiet movements. It walks hunched and flies for short distances, low and silently. It lays two pretty spotted eggs in a scantily-built ground nest.

Familia HAEMATOPODIDAE

Ostreros: 3 especies en la Argentina, 11 en el mundo.
Oystercatchers: 3 species in Argentina, 11 worldwide.

Identificación

Recuerdan teros de muy largo pico rojo y patas rosáceas también largas. Las tres especies se asemejan mucho por tamaño (unos 35 cm) y color, aunque el Ostrero Negro carece del blanco de las partes inferiores, que muestran tanto el Austral como el Común.

Identification

They resemble lapwings with a very long red bill and long pinkish legs. The three species are very similar in size (about 13.7") and colour, although the Balckish Oystercatcher's underparts are not white, a feature present in the other two.

Distribución y hábitat

Habitan la costa atlántica, desde Buenos Aires hasta Tierra del Fuego, aunque el Ostrero Austral, también las lagunas de las estepas santacruceñas y las Malvinas.

Distribution and Habitat

They live along the Atlantic coast, from Buenos Aires to Tierra del Fuego, although the Magellanic Oystercatcher also dwells in pools located in the steppes of Santa Cruz and the Malvinas (Falkland) Islands.

Comportamiento

En parejas, son notables sus fuertes silbos, tanto parados como en vuelo. Tras la reproducción forman grupos o bandadas, aun de los distintos ostreros. Se alimentan de moluscos, incluso bivalvos, que abren con su pico especializado. Como nido, apenas acomodan una piedritas en la playa, donde ponen 2 a 3 huevos oliva manchados de negro.

Behaviour

When paired, they emit strong whistles both when standing or in flight. After reproduction, they flock, sometimes with different oystercatchers. They feed on molluscs, and also bivalves, which they pry open with their special-purpose bill. Their nest is a simple arrangement of small stones placed on the beach, where they lay two to three olive eggs with black spots.

Izquierda: Ostrero Negro, adulto y juvenil - *Haematopus ater*
Blackish Oystercatcher: Left.
Derecha: Ostrero Común - *Haematopus palliatus*
American Oystercatcher: Right.
Abajo: Ostrero Austral - *Haematopus leucopodus*
Magellanic Oystercatcher: Below (SI).

Familia RECURVIROSTRIDAE

Avocetas, teros-reales: 2 especies en la Argentina, 8 en el mundo.
Andean Avocet, Black-backed Stilt: 2 species in Argentina, 8 worldwide.

Identificación

Recuerdan teros aunque muy estilizados, con el pico (6 cm) fino, largo y recto en el Tero-real (34 cm) y también largo pero extrañamente curvado hacia arriba en la Avoceta Andina (39 cm). Las patas de esta son largas y celestes, mientras que son rojas y largas en extremo las del Tero-real. El plumaje de ambos es negro por arriba y blanco en lo inferior.

Identification

They resemble lapwings although they are much slender having a long thin straight bill (2.3") in the Black-backed Stilt (13.3"), while the Andean Avocet's bill (15.3") is also long but strangely up-curved. The legs of the latter are somewhat elongated and pale blue, while they are extremely elongated and brilliant red in the case of the stilt. Both have black plumage on top with white underparts.

Distribución y hábitat

Ambas especies están ligadas al agua, viviendo la avoceta cerca de lagunas altoandinas en el extremo noroeste, y el Tero-real en casi todo el país.

Distribution and Habitat

The Andean Avocet lives close to high Andean pools in the northwest, whereas the Black-backed Stilt can be found in almost every part of the country.

Comportamiento

Se los ve en grupos vadeando aguas someras, tanto como lo permiten sus largas patas, para buscar pequeños invertebrados de los que se alimentan. Vuelan bien. El esbelto Tero-real emite un grito que recuerda el ladrido de un perrito. Crían en pequeñas colonias. El nido, de materia vegetal, es más elaborado que el del Tero Común. Ponen huevos parecidos.

Behaviour

They are seen in groups wading through shallow water, as deep as their long legs allow in search of small invertebrates on which they feed. They fly well. The slender Black-backed Stilt utters a cry similar to the barking of a small dog. They breed in small colonies. Their nest, made of plant material, is more complex than that of the Southern Lapwing. They lay similar eggs.

Arriba: Tero-real - *Himantopus melanurus* - *South American Stilt: Above.*
Izquierda: Tero-real juvenil - *Himantopus melanurus* - *South American Stilt: Left.*
Abajo: Tero-real - *Himantopus melanurus* - *South American Stilt: Below.*

Familia CHARADRIIDAE

Chorlos, teros, chorlitos: 12 especies en la Argentina, 67 en el mundo.
Plovers, lapwings: 12 species in Argentina, 67 worldwide.

Identificación

Parecidos a playeros, miden desde 31 cm (Tero Común), hasta 13 en el Chorlito de Collar. El pico, no tan largo como en los playeros, no lo introducen en el barro buscando su alimento. El cuello es corto y la cabeza grande. El plumaje es llamativo, en el período reproductivo, de algunas especies como el Chorlo Pampa o el Chorlito Pecho Canela. En otros, como el Chorlo Cabezón o el Chorlito de Vincha, siempre es bonito.

Distribución y hábitat

Vinculados con el agua, pero no tanto como los playeros, ocupan diferentes áreas, desde las praderas altoandinas (Tero Serrano, Chorlito Puneño, Chorlito de Vincha) hasta las patagónicas (Chorlo Cabezón, Chorlito Doble Collar, Chorlito Ceniciento), mientras el Tero Común habita casi todo tipo de ambiente a lo largo del país, incluyendo las Malvinas.

Identification

They are similar to sandpipers. Their size ranges from 12.2" (in the Southern Lapwing) to 5.1" in the Collared Plover. Their bill, which is not as long as that of sandpipers, is not introduced into the mud when in search of food. Their neck is short and their head is large. In some species their plumage takes on attractive colours during the breeding season, such as the American Golden Plover or the Rufous-chested Plover. Some, such as the Tawny-throated Dotterel and Diademed Sandpiper-Plover, are attractive year-round.

Distribution and Habitat

They are associated to aquatic habitats. They dwell in different areas, from the high Andean prairies (Andean Lapwing, Puna Plover and Diademed Sandpiper-Plover) to Patagonian prairies (Tawny-throated Dotterel, Two-banded and Magellanic Plovers), whereas the Southern Lapwing lives in almost every kind of habitat across the country, including the Malvinas (Falkland) Islands.

Comportamiento

No tan costeros, son también menos sociables que los playeros, salvo los que migran del hemisferio norte (Chorlo Ártico, Chorlo Pampa, Chorlito Palmado) o desde la Patagonia (Chorlito Pecho Canela, Chorlito Doble Collar). El Chorlito de Collar, que al correr semeja, más que ninguno, una bolita rodando por la arena, es residente en buena parte del país. La alimentación de todos ellos es variada, aunque predominan insectos, lombrices, etc. El nido es precario, en el suelo, y ponen varios huevos de fondo verdoso con manchas negras.

Behaviour

They do not dwell on coasts so much and they are also less sociable, except for those which migrate from the northern hemisphere (Black-bellied, American Golden and Semipalmated Plovers) or from Patagonia (Rufous-chested and Two-banded Plovers). The Collared Plover, which looks like a small ball rolling on sand when running, ranges across a considerable area of the country. Their diet is varied, although they predominantly feed on insects, earthworms, etc. Their nest is precarious and located on the ground, and they lay several greenish eggs with black spots.

Arriba e izquierda: Tero Común - *Vanellus chilensis* - *Southern Lapwing: Above & left.*

Chorlo Pampa - *Pluvialis dominica* - *American Golden Plover.*

Arriba izquierda: Chorlito Doble Collar - *Charadrius falklandicus* - *Two-banded Plover: Above left.*
Arriba derecha: Chorlito de Collar - *Charadrius collaris*
Collared Plover: Above right.
Derecha: Chorlito Pecho Canela - *Zonibyx modestus*
Rufous-chested Dotterel: Right.

Familia SCOLOPACIDAE

Playeros, becasinas, batitúes, falaropos: 25 especies en la Argentina, 89 en el mundo.
Sandpipers, snipes, phalaropes, godwits, sanderlings, whimbrels: 25 species in Argentina, 89 worldwide.

Identificación

Parecidos a chorlos, poseen cabeza más pequeña y son más esbeltos –salvo las becasinas– debido a sus patas largas. Miden desde 36 cm (Playero Trinador) hasta 12 cm en el escaso Playerito Enano. En su mayoría migradores del hemisferio norte, aparecen con su deslucido vestuario de reposo, en el que predominan grises y pardos, pero no es raro verlos, antes de regresar, luciendo colorido plumaje, como el del Vuelvepiedras, que une a un singular diseño, notas de rojo, blanco y negro. También suma rojizo en sus partes inferiores, el plumaje reproductivo de la Becasa de Mar. Las becasinas, notables por su largísimo pico recto, mantienen todo el año su abigarrado diseño mayormente pardo. En cuanto a picos, algunas especies compiten en el largo con las becasinas. Por ejemplo, el enorme Playero Trinador, que lo posee curvo hacia abajo o la Becasa de Mar, algo curvado hacia arriba. En la familia son raros los picos cortos como el del Batitú o del Playerito Blanco.

Identification

They look like plovers, but they have a smaller head and are more slender –except for the snipes– due to their long legs. Their size ranges from 14" (Whimbrel) to 4.7" for the scarce Semipalmated Sandpiper. Most species migrate from the northern hemisphere and arrive with faded resting coats, predominantly grey and brownish-grey. However, before they return, it is not unusual to see them displaying colourful feathers, such as the Ruddy Turnstone, which combines patches of red, black and white to form a striking pattern. The Hudsonian Godwit´s breeding plumage also has reddish underparts. Snipes, unmistakable because of their very long straight bill, keep their multi-coloured, mostly brownish-grey, plumage all year round. Regarding their bills, some species compete in length with snipes. Examples are the Whimbrel's enormous decurved bill, or the Hudsonian Godwit, which is slightly upcurved. Short bills like those of the Upland Sandpiper or the Sanderling are unusual in this family.

Distribución y hábitat

Tras recorrer algunos hasta 15.000 km desde la tundra ártica, se distribuyen por todo el país, varios por las costas marinas. El Pitotoi Solitario, el Playerito Canela y el Playero Zancudo, no avanzan muy al sur. De los falaropos, dos son en extremo raros aquí y sólo el Falaropo Común frecuenta ambientes acuáticos del interior. Las Becasinas Grande y Andina son residentes en áreas cordilleranas diferentes.

Distribution and Habitat

Some species, having flown 9,000 miles from the Arctic tundra, spread out across the country, with several of them aiming for the sea coast. The Solitary, Buff-breasted and Stilt Sandpipers do not go far south. Of the phalarope group, two are extremely unusual here and only Wilson's Phalarope is often found in aquatic habitats in the provinces. The Puna and Fuegian Snipes live in different Andean areas.

Izquierda: Pitotoy Solitario
Tringa solitaria
Solitary Sandpiper: Left.
Derecha: Pitotoy Grande
Tringa melanoleuca
Greater Yellowlegs: Right.
Abajo: Pitotoy Chico
Tringa flavipes
Lesser Yellowlegs: Below.

Comportamiento

Muy ligados al agua, ciertas especies como el Playero Rojizo, el Vuelvepiedras o la Becasa de Mar, no abandonan las costas arenosas y es habitual ver al Playerito Blanco correr ida y vuelta con el vaivén de las olas. Los Pitotois Grande, Solitario y Chico, prefieren vadear pasivamente aguas someras, en procura de los animalitos que constituyen su alimento. Los Vuelvepiedras lo obtienen dando vuelta valvas o piedras, y los cangrejos están entre sus platos preferidos. Todos muy gregarios, vuelan sincrónicamente en grandes bandadas, en especial los Playeritos Rabadilla Blanca y Unicolor. Al cada vez más escaso Batitú se lo suele ver posado en postes, y es notable el ruidoso vuelo nupcial de las becasinas, únicos miembros de la familia que crían en nuestro país poniendo, en un rústico nido en el suelo, tres huevos muy manchados, similares a los de tero.

Behaviour

They are strongly associated to aquatic habitats. Species such as the Red Knot, the Ruddy Turnstone or the Hudsonian Godwit do not leave sandy coasts. It is common to see the Sanderling run up and down the beach with the coming and going of the waves. The Greater and Lesser Yellowlegs and the Solitary Sandpiper prefer to wade quietly in shallow waters in search of small animals on which they feed. The Ruddy Turnstone obtains its food by turning over shells or stones, crabs being one of its favourite dishes. They are all highly gregarious and fly synchronously in large flocks, especially White-rumped and Baird's Sandpipers. The Upland Sandpiper, increasingly scarce, can be seen alighting on posts. The noisy mating flight of the snipes is striking. These birds are the only members of the family that breed in Argentina; in a rudimentary nest on the ground, they lay three very spotted eggs similar to those laid by lapwings.

Abajo: Becasina Común - *Gallinago gallinago* - *Common Snipe: Below.*

Arriba izquierda: Falaropo Común y Tero-real - *Phalaropus tricolor* - *Wilson's Phalarope: Above left.*
Arriba derecha: Playero Rojizo en plumaje de reposo - *Calidris canutus* - *Red Knot: Above right.*
Abajo: Playero Trinador - *Numenius phaeopus* - *Whimbrel: Below* (SI).

Familia THINOCORIDAE

Agachonas: 4 especies en la Argentina y en total. Sólo en América)
Seedsnipes: 4 species in Argentina and in total. Only in the Americas.

Identificación

Aves robustas, de pico corto y grueso y patas y cola también cortas, cuando están en el suelo semejan palomas. Parecen en cambio chorlos o playeros, cuando vuelan con sus largas alas. Miden entre 28 cm (Agachona Grande) y 18 cm (Agachona Chica). Se disimulan muy bien en el ambiente debido a su plumaje aperdizado en lo superior, y su actitud de pegarse al suelo flexionando sus cortas patas amarillas.

Distribución y hábitat

La Agachona Grande y la Patagónica no se alejan de las estepas andinas, mientras que la Agachona Chica es la única que migra en invierno a tierras más feraces de la llanura pampeana.

Comportamiento

Sociables, viven en grupos o bandadas. Muy terrícolas, caminan o permanecen inmóviles, agachadas, para volar sorpresiva y velozmente. Se alimentan de semillas. Hacen nido en el suelo donde ponen cuatro huevos manchados.

Identification

These sturdy birds have a short thick bill and short legs and tail too. When on the ground, they look like pigeons. In contrast, when they fly with their long wings they resemble plovers or sandpipers. Their size ranges from 11" (Rufous-bellied Seedsnipe) to 7" (Least Seedsnipe). They blend in with their surroundings very well thanks to cryptic patterns on their upper parts and by creeping down close to the ground, bending their short yellow legs.

Distribution and Habitat

The Rufous-bellied and White-bellied Seedsnipes do not leave the Andean steppes, whereas the Least Seedsnipe is the only one which migrates to more fertile lands in the Argentine Pampas during winter.

Behaviour

They are sociable birds which live in groups or flocks. They are very terrestrial; they either walk or stay motionless, crouching down, to fly off suddenly and fast. They feed on seeds. They are ground-nesting and lay four spotted eggs.

Arriba izquierda: Agachona Chica hembra - *Thinocorus rumicivorus* - *Least Seedsnipe: Above left.*
Arriba derecha: Agachona Chica macho - *Thinocorus rumicivorus* - *Least Seedsnipe: Above right.*
Izquierda: Agachona Patagónica - *Attagis malouinus* - *White-bellied Seedsnipe: Left* (SI).
Abajo: Agachona de Collar - *Thinocorus orbignyianus* - *Gray-breasted Seedsnipe: Below* (SI).

Familia CHIONIDIDAE

Palomas-antárticas: 1 especie en la Argentina, 2 en el mundo.
Snowy Sheathbill: 1 species in Argentina, 2 worldwide.

Identificación

Aspecto de robustas palomas blancas con las que no tienen parentesco. Grueso pico corto con una envoltura en la base. Patas y cola cortas. Plumaje albo. Miden unos 35 cm.

Distribución y hábitat

Crían en la Antártida e islas del Atlántico sur, migrando en invierno por la costa hasta Buenos Aires.

Comportamiento

Muy confiadas, caminan o trotan para alejarse, volando en último extremo, con mucho aleteo. Costeras, recorren colonias de aves o mamíferos marinos en busca de restos, huevos o carroña, de los que se alimentan. Ponen en un nido en el suelo, tres huevos manchados.

Identification

These birds are not related with the sturdy white pigeons. They have a short thick bill wrapped at the base. Their legs and tail are short and their plumage is white. They are about 13.7" in size.

Distribution and Habitat

They breed in Antarctica and on South Atlantic islands. They migrate to the province of Buenos Aires in winter, flying along the coast.

Behaviour

They are very trusting birds which walk or trot to move away, flying off only as a last resort, in which case they flap their wings energetically. They are coastal creatures which visit the colonies of birds or sea mammals in search of remains, eggs or decaying flesh, on which they feed. They lay three spotted eggs in a nest made on the ground.

Estas extrañas aves antárticas, con aspecto de palomas pero más vinculadas a Chorlos y Playeros, se pueden observar en toda la costa atlántica, hasta el Río de la Plata. En Mar del Plata, destaca su albura entre lobos marinos, donde hallan detritos y restos animales y vegetales que, para las Palomas-antárticas saben a manjares.

These strange antarctic birds, looking like doves but more closely related to shorebirds, can be seen along the Atlantic coast, as far as the River Plate. Their bright white coats stand out at the sea lion colonies in Mar del Plata, where they find assorted remains of animals and plants and are taken for true delicacies.

Izquierda y abajo: Paloma-antártica - *Chionis alba*
Snowy Sheathbill: Left & below.

Familia LARIDAE

Gaviotas, escúas, salteadores, gaviotines, rayadores: 26 especies en la Argentina, 105 en el mundo.
Gulls, skuas, jaegers, terns, skimmers: 26 species in Argentina, 105 worldwide.

Identificación

La familia Laridae está compuesta por cuatro grupos diferenciados, muchas veces considerados cada uno de ellos familias diferentes. Las gaviotas son bastante uniformes en su aspecto, varían desde 55 cm en la abundante Gaviota Cocinera, hasta 33 cm en la aquí escasa Gaviota Chica. Pico con menos gancho en la punta que los escúas, la coloración varía desde dorso negro a gris claro, con todo lo inferior blanco. La excepción es la Gaviota Gris, sin blanco. Varias, como las Gaviotas Capucho Café, Andina y Chica, en el período reproductivo, adquieren un notable capuchón negruzco, que es perlado en la Gaviota Capucho Gris. Diferencias en el color de pico y patas así como de diseño alar, permiten el reconocimiento de cada especie.

Identification

The Laridae family consists of four groups. Gulls, having a uniform appearance, range in size from 21" (the abundant Kelp Gull) to 13" (Franklin's Gull), which is scarce in Argentina. Their coloration also varies: their back may be black to light grey with white underparts. The exception is the Dolphin Gull, whose plumage contains no white areas. The different colours of their bill and legs, as well as the design of their wings, enable us to distinguish each species. Skuas look like dark gulls with a sturdy bill hooked at the tip, and wings with a white spot which can be seen when they fly. Jaegers, scarce in our waters, have two elongated central tail feathers, a distinctive feature during the breeding season that they do not display when they arrive in migration

Los escúas parecen oscuras gaviotas de robusto pico con gancho en la punta, y alas largas y puntiagudas con mancha blanca, notable en vuelo. Los salteadores, escasos en nuestras aguas, poseen dos plumas alargadas en el centro de la cola, que los distingue en plumaje nupcial, pero que no muestran al llegar en migración. El menos escaso Salteador Chico (38 cm), blanco en lo inferior, en cambio, mantiene ese carácter al visitarnos. Al mayor y más frecuente Escúa Común (52 cm), uniformemente pardo, se lo reconoce con facilidad por sus actitudes.
Bastante similares a las gaviotas, los gaviotines (entre 22 cm el Gaviotín Chico, hasta 44 cm el Gaviotín Real) difieren por ser más delgados, cola larga a menudo ahorquillada, patas muy cortas y pico fino y recto, sin gancho en la punta. Además, claramente, por distinto comportamiento. Aunque la coloración, gris en lo dorsal y blanco en lo inferior hace recordar gaviotas, el color de pico y patas colabora en la difícil identificación de cada una de sus especies. Los rayadores recuerdan gaviotines de dorso negro y lo inferior blanco, con un extraño pico rojo en que la mandíbula inferior es mucho más larga que la superior.

In contrast, the less scarce Arctic Jaeger (15"), whose underparts are white, does reveal this feature when visiting Argentina. The Chilean Skua (20.5"), which is the largest and most common, is uniformly brownish-grey and can be easily recognised because of its attitude.
Terns, which are quite similar to gulls (ranging in size from 8.6" in the Yellow-billed Tern to 17.3" in the Royal Tern), can be distinguished by their more slender body, a long and often forked tail, very short legs and a thin straight bill, not hooked at the tip. In addition, they exhibit a different behaviour. Even though their colours –a grey back and white underparts– remind us of gulls, the colour of their bill and legs assists in the difficult task of identifying each species.
Skimmers look like terns with black backs and white underparts. They have a strange red bill, the lower mandible being much longer than the upper.
During the breeding season, the Brown-hooded, Andean and Franklin's Gulls develop a distinctive blackish hood, which is pearly in the case of the Grey-hooded Gull.

Arriba izquierda: Escúa Antártica - *Catharacta antarctica* - *Antarctic Skua: Above left* (SI).
Arriba derecha: Rayador - *Rynchops niger* - *Black Skimmer: Above right.*
Izquierda: Gaviota Cangrejera - *Larus atlanticus* - *Olrog's Gull: Left.*
Abajo: Gaviota Cocinera - *Larus dominicanus* - *Kelp Gull: Below.*

Gaviota Capucho Café - *Larus maculipennis* - *Brown-hooded Gull.*

Gaviota Capucho Gris - *Larus cirrocephalus* - *Gray-hooded Gull.*

Gaviotín Antártico - *Sterna vittata* - *Antarctic Tern* (SI).

Gaviotín Real - *Sterna maxima* - *Royal Tern.*

Distribución y hábitat

Aunque en su mayoría frecuentan costas de mar, y tanto la Gaviota Gris como la Cangrejera no las abandonan, las tres especies más comunes, Cocinera, Capucho Café y Capucho Gris, viven también en aguas interiores sin excluir campos y basurales. La Gaviota Andina, por su parte, no se aleja de los ambientes acuáticos del Noroeste cordillerano.
Los escúas y los salteadores viven en las costas marinas, criando los escúas en sitios remotos incluso de la Antártida. En cambio, los tres salteadores son pelágicos en sus migraciones desde el hemisferio norte.
Varias especies de gaviotines habitan también costas marinas, como el Golondrina, el Sudamericano, el Real y el Pico Amarillo. En cambio, tanto al Gaviotín Pico Grueso como al Lagunero, además del mar, se los encuentra en lagunas y en ríos interiores. El Gaviotín Chico y el Atí, del nordeste, no llegan al mar. Cuatro especies son migratorias del hemisferio norte, y todas ellas costeras o pelágicas, salvo el escaso Gaviotín Negro, que migra por el interior. El Rayador habita áreas costeras, tanto de ríos y lagunas como del mar.

Distribution and Habitat

Even though most species are found along sea coasts, and the Dolphin and Olrog´s Gulls do not leave them, the three most common species, the Kelp, Brown-hooded and Grey-hooded Gulls, also dwell in inland waters, as well as fields and rubbish dumps. The Andean Gull does not leave the aquatic areas in the northwest of the Andes. The skuas and jaegers live on sea coasts. The former breed in remote areas, even as far south as Antarctica. In contrast, the three jaegers are pelagic in their migrations from the northern hemisphere.
Several species of terns also dwell on sea coasts, such as the Common, South American, Royal and Sandwich Terns. In contrast, the Gull-billed and Snowy-crowned Terns can be found along inland rivers and pools, as well as the sea. The Yellow-billed and Large-billed Terns, from the northeast, do not reach the sea. There are four migratory species from the northern hemisphere, and they are all coastal or pelagic, except for the scarce Black Tern, which migrates along the interior of the country. Skimmers live on sea coasts and the shores of rivers and pools.

Comportamiento

Muy sociables, a las gaviotas se las suele ver en grupos que incluyen distintas especies. Gritonas, voraces y confiadas, son conocidas por quienes frecuentan playas o las ven, tras el arado, esperando por gusanos o larvas. Suelen nadar, incluso en el mar, pero más a menudo se las ve asentadas en la arena. Grandes voladoras, el nombre de "Gaviota Cocinera" deriva de su costumbre de seguir a los barcos, en espera de restos de la cocina. Omnívoras, consumen peces, invertebrados, huevos, pichones y carroña.
Forman grandes y apretadas colonias en islas o entre el juncal, construyendo nidos de materia vegetal donde ponen tres o cuatro huevos verdosos, manchados de negro.
Escúas y Salteadores nadan o se asientan en las playas, a menudo cerca de colonias de aves marinas. No es raro ver a la Escúa Común con las alas elevadas. Lo notable de todos ellos es que persiguen a otras aves con vuelo acrobático, como el de un halcón, para robarles el alimento, fresco o regurgitado. También comen pichones, huevos e invertebrados. Ponen en el suelo tres huevos manchados.
Cuando se ve a los gaviotines, blancuzcos, lanzarse en picada sobre el agua en procura de un pez, para volar de nuevo (no nadan), no hay duda de quienes se trata. Sólo el Gaviotín Pico Grueso pesca en vuelo rasante, sin zambullir y caza también insectos en el aire.
Crían en colonias, a veces de varias especies, poniendo huevos manchados, directamente en el suelo.
Los rayadores conforman grandes bandadas que descansan con el pico oculto entre las plumas de la espalda. Levantan vuelo al unísono, para asentarse poco después. En el crepúsculo vuelan en fila siguiendo algún curso de agua y, mientras con su mandíbula inferior rayan el agua, se apoderan de pequeños organismos flotantes.

Behaviour

Gulls are very sociable and they are usually seen in groups which include several species. Loud, voracious and trusting, they are well known by those who go to the beach or have watched them following ploughs as they seek worms and larvae. They swim, even in the sea, but they are more often seen alighting on the sand. They are great fliers and the name given in Spanish to the Kelp Gull, Gaviota Cocinera (kitchen gull), stems from their habit of following ships waiting for food leftovers. They are omnivores and feed on fish, invertebrates, eggs, chicks and decaying flesh.
They form large crammed colonies on islands or among reed beds and they build their nests with plant material, laying three or four greenish eggs marked with black spots.
Skuas and jaegers swim or alight on beaches, often near seabird colonies. It is not unusual to observe the Chilean Skua with its wings raised. A distinctive feature of all skuas is chasing other birds in acrobatic falcon-like flight to steal their food, either fresh or regurgitated. They also feed on chicks, eggs and invertebrates. They lay three spotted eggs on the ground.
When we see whitish terns nosedive into the water in search of fish and fly off again (they do not swim), their identity cannot be mistaken. Only the Gull-billed Tern fishes by low-level flight, without diving, and also catches insects in the air.
They breed in colonies, sometimes grouping several species, and lay spotted eggs directly on the ground.
Skimmers form large flocks which rest with their bill hidden among their back feathers. They fly off in unison, to alight shortly afterwards. In the evening they fly in a line formation following some water course, dipping their lower mandible to skim the water and seize small floating organisms.
They breed in colonies on isolated sandy beaches. They lay three or four spotted eggs.

Gaviotín Golondrina - *Sterna hirundo* - Common Tern.

La oferta de alimentos es parte del cortejo del Gaviotín Golondrina. Fotografía obtenida en Normandía, Francia.

Presenting food is part of the courting of the Common Tern. Photograph taken in Normandy, France.

Familia COLUMBIDAE

Palomas, torcazas, torcacitas: 24 especies en la Argentina, 309 en el mundo.
Pigeons, doves: 24 species in Argentina, 309 worldwide.

Identificación

Grupo uniforme, inconfundible. Las distintas especies, parecidas entre sí, varían desde 34 cm (Paloma Picazuró) hasta 14 o 15 cm (Torcacitas Común, Colorada y Enana). Robustas, poseen cabeza chica y redondeada, pico y cuello cortos, alas largas y puntiagudas y cortas patas rojizas. Sin colores destacados, son en general pardas y grises, pero es posible distinguirlas por detalles cromáticos, de tamaño y de distribución.

Identification

They comprise a uniform, unmistakable group. The various species look alike, ranging from 13.5" (in the Picazuro Pigeon) to about 6" (Picui Ground-Dove, and the Ruddy and Plain-breasted Ground-Doves). They are sturdy birds with a small rounded head, a short neck and bill, long pointed wings and short reddish legs. Their colours do not stand out: they are generally brownish-grey and grey, but it is possible to distinguish them by colour, size and distribution details.

Arriba: Paloma Doméstica - *Columba livia* - *Rock Dove: Above.*
Abajo: Paloma Manchada - *Columba maculosa* - *Spot-winged Pigeon: Below.*

Arriba: Paloma Colorada - *Columba cayennensis* - *Pale-vented Pigeon: Above.*
Izquierda: Paloma Picazuró. Una disputa territorial a aletazos - *Columba picazuro* - *Picazuro Pigeon. A wing-fight territorial dispute: Left.*

Distribución y hábitat

Ocupan todos los ambientes. La Torcaza, dorada o mediana, es la más abundante de las aves argentinas y vive desde el extremo norte hasta Tierra del Fuego y Malvinas. Lo propio ocurre con la Paloma Doméstica, introducida desde Eurasia, tan conocida en parques y plazas como por una afición –la colombofilia– que ha seleccionado a las "mensajeras", aprovechando el instinto de todas ellas, de volver al lugar del que partieron. Ocupando un área apenas menor está la Torcacita Común, habitante de pueblos y ciudades. Las demás proliferan en ámbitos más restringidos. A lo largo de los Andes, las Palomitas Cordillerana, Dorada, Ojo Desnudo y Moteada; en selvas, la Paloma Colorada, la Torcacita Escamada, la Yerutí Colorada, la Palomita Azul y varias Monteras. En el bosque patagónico aparece la Paloma Araucana, grande como la Picazuró y la Manchada. Estas dos, que desde el Norte alcanzan la Patagonia, parecen en franca expansión.

Distribution and Habitat

They dwell in all kinds of habitats. The Eared Dove is the most abundant of all Argentine birds and extends from the northern end of the country down to Tierra del Fuego and the Malvinas (Falkland) Islands. The same applies to the Rock Dove, which was introduced from Eurasia and is so well known in parks and squares. Pigeon racing has led to the selection of 'messenger pigeons', taking advantage of their instinct of returning to the place of departure. The Picui Ground-Dove, an inhabitant of towns and cities, has a slightly smaller range. The rest of them proliferate in more restricted habitats. The Black-winged, Golden-spotted, Moreno's and Bare-faced Ground-Doves are found along the Andes. The Pale-vented Pigeon, the Scaled Dove, the Grey-fronted Dove, the Blue Ground-Dove and several quail-doves dwell in rainforests. In the sub-Antarctic forest we can find the Chilean Pigeon, which is as large as the Picazuro and Spot-winged Pigeons. These two, which reach Patagonia from the north, are in evident expansion.

Comportamiento

Muy sociables, las Torcazas, por ejemplo, suelen verse en enormes bandadas y todas vuelan bien –ruidosamente–, aunque están cómodas en el suelo, buscando semillas de las que se alimentan, al igual que de granos y frutos. Beben succionando, sin llevar la cabeza hacia atrás como el resto de las aves. Bastante peleadoras, el símbolo de la paz no se corresponde con su agresividad. Pero también es singular su despliegue amatorio, en el que incluyen besos y arrumacos, mientras emiten sus poco melódicos arrullos.
Los nidos traslucen la postura, debido al mínimo aporte de ramitas o pastos. Esta consta de un huevo blanco en las especies grandes; dos, en las menores. Los pichones se alimentan con "leche de paloma", segregada por el buche de los padres.

Behaviour

They are very sociable birds. The Eared Dove, for instance, is usually seen in huge flocks and all of their members fly well –and noisily–, although they are comfortable on the ground, where they search for seeds, on which they feed in addition to grain and fruit. They drink by sucking, without moving their head back like the rest of the birds. Considering they fight quite a lot, the symbol of peace is not consistent with their aggressiveness. But their mating ritual is also peculiar: they kiss and pet while they coo not very melodiously.
Egg-laying can be seen through the nest because of the minimum density of twigs or grass. Large species lay one white egg, whereas smaller ones lay two. Chicks feed on `pigeon milk´, secreted from the parents' crop.

Arriba izquierda: Yerutí Común - *Leptotila verreauxi* - *White-tipped Dove: Above left.*
Arriba derecha: Torcacita Colorada - *Columbina talpacoti* - *Ruddy Ground-Dove: Above right.*
Abajo: Torcacita Común - *Columbina picui* - *Picuí Ground-Dove: Below.*

Arriba izquierda: Palomita Ojo Desnudo - *Metriopelia morenoi* - *Bare-eyed Ground-Dove: Above left.*
Arriba derecha: Palomita Cordillerana - *Metropelia melanoptera* - *Black-winged Ground-Dove: Above right.*
Abajo: Torcaza - *Zenaida auriculata* - *Eared Dove: Below.*

Familia PSITTACIDAE

Loros, cotorras, guacamayos, catitas: 24 especies en la Argentina, 332 en el mundo.
Parakeets, amazons, parrots, parrotlets, macaws: 24 species in Argentina, 332 worldwide.

Identificación

Con el verde como color dominante, cabeza grande y pico robusto y muy ganchudo, son inconfundibles al incluir toques de rojo, azul y amarillo en su plumaje. Poseen alas largas y agudas y patas cortas, con dos dedos hacia delante y dos hacia atrás, con los que trepan ayudados por el pico. Los Guacamayos son espectaculares (el Rojo mide 85 cm), pero esa misma belleza y su consiguiente persecución los ha llevado aquí al exterminio. También son llamativos el abundante Loro Barranquero y el Loro Hablador (35 cm), tan usado este como mascota por su habilidad para articular palabras. La Cotorra es la más abundante y conocida de los miembros de este grupo que, en la Catita Enana, alcanza con 11 cm, su mínima expresión.

Identification

With green as the prevailing colour, a large head and a very hooked sturdy bill, these birds are unmistakable. They often have touches of red, blue and yellow present on their plumage. They have long pointed wings and short legs, with two toes pointed forwards and two backwards, which they use to climb, aided by their bill. Macaws are spectacular (the Red-and-green Macaw is 33" long), but it is their beauty, and the resulting persecution, that has led them to extinction in Argentina. The abundant Burrowing Parakeet and the Blue-fronted Amazon (14"), so often chosen as pets because of their ability to articulate words, are also eye-catching. The Monk Parakeet is the most abundant and well known member of this group, while the Blue-winged Parrotlet, 4.3" long, is the smallest.

Distribución y hábitat

En su mayoría arborícolas, de áreas boscosas y selváticas del Norte, poseen interesantes excepciones. Las Catitas Serranas, por ejemplo, habitan zonas andinas y serranas, la Cachaña el bosque andino-patagónico, mientras que el Loro Barranquero, desde la Patagonia se extiende hacia el Norte. Algunas especies, como el Loro Vinoso o el Charao, están en riesgo de desaparecer de la Argentina, como lo ha hecho para no regresar, el magnífico Guacamayo Azul.

Distribution and Habitat

Even though most of them are tree-dwelling and inhabit forests and rainforests in the north of the country, there are interesting exceptions. The Mountain and Sierra Parakeets, for instance, dwell in sierras and Andean areas. The Austral Parakeet can be found in the sub-Antarctic forest and the Burrowing Parakeet ranges from Patagonia to the north. Some species, like the Vinaceous Amazon or the Red-spectacled Amazon, are about to become extinct in Argentina. This is what happened to the magnificent Glaucous Macaw, which has disappeared to never return.

Izquierda: Guacamayo Verde - *Ara militaris* - *Military Macaw: Left.*
Abajo izquierda: Maracaná Lomo Rojo - *Ara maracana* - *Blue-winged Macaw: Below left.*
Abajo derecha: Loro Vinoso - *Amazona vinacea* - *Vinaceous Amazon: Below right.*

Comportamiento

Sociables y bullangueros cuando vuelan, son silenciosos cuando se alimentan de granos, frutas pequeñas o brotes, tras dejar un guardia en alguna eminencia. En especial las Cotorras, consumen grasa de animales muertos. Su fuerte pico les permite triturar gruesas semillas. Caminan graciosamente, bamboleándose. Nidifican en huecos de árboles o de paredes rocosas, y la singular excepción mundial es la Cotorra, que construye con ramitas, enormes nidos comunales, de hasta 200 kg de peso –ruidosos conventillos–, en los que cada pareja posee una boca de entrada. Los huevos, en toda la familia, son (hasta cuatro) blancos y redondeados.

Behaviour

These birds are sociable and rowdy when they fly, but silent when they eat grain, small fruit or shoots, while one of them stands guard on some raised ground. The Monk Parakeet, especially, feeds on fat from dead animals. Their strong bill enables them to crush thick seeds. They walk with grace, swaying. They nest in holes in trees or rocky walls, with the singular worldwide exception of the Monk Parakeet, which uses twigs to build enormous communal nests, weighing up to 440 lb, which become noisy dwellings where each couple has its private opening to enter the nest. All the members of this family lay up to four round white eggs.

Arriba izquierda: Ñanday - *Nandayus nenday* - *Black-hooded Parakeet: Above left.*
Arriba derecha: Catita Chirirí - *Brotogeris versicolurus* - *Canary-winged Parakeet: Above right.*
Abajo: Cotorra - *Myopsitta monachus* - *Monk Parakeet: Below.*

Arriba: Guacamayo Rojo - *Ara chloropterus* - *Green-winged Macaw: Above.*
Abajo izquierda: Loro Maitaca - *Pionus maximiliani* - *Scaly-headed Parrot: Below left.*
Abajo derecha: Catita Enana macho - *Forpus xanthopterygius* - *Blue-winged Parrotlet: Below right.*

Familia CUCULIDAE

Pirinchos, cuclillos, anós, crespines, tingazúes, yasiyaterés: 13 especies en la Argentina, 136 en el mundo.
Cuckoos, anis: 13 species in Argentina, 136 worldwide.

Identificación

Esbeltos, de cola larga y graduada, que suele caer péndula, y pico corto y curvo, estos parientes del cuco europeo no son tan famosos ni avisan, con el "cucú" de un reloj, el cambio de las horas. El mayor es el sigiloso Tingazú (45 cm), y el menor el Cuclillo Chico (21 cm). Pero más conocido y familiar es el Pirincho, llamado también "urraca" o "piojosa". Son notables su despeinado copete y la larga cola tricolor, que no puede competir con la mucho más larga (30 cm) del Tingazú. Esta, desde abajo, muestra notables manchas blancas, que también poseen cuclillos y yasiyaterés, legendarios pobladores de la selva, según el mito. En leyendas compite el Crespín, no sólo por parecerse al Pirincho, sino por vivir oculto y poseer habilidad de ventrílocuo. Los Anós son negros y los caracteriza un extraño pico giboso.

Identification

With a long layered tail and a short curved bill, these slender relatives of the Common Cuckoo are neither that famous nor do they strike the hours with a `cuckoo´ from a clock. The largest is the silent Squirrel Cuckoo (18") while the smallest is the Ash-coloured Cuckoo (8"). But the Guira Cuckoo is better-known, referred to also as the White Ani. Its messy tuft and long three-coloured tail are notable, although it cannot compete with the Squirrel Cuckoo´s tail, which is much longer (12") and displays striking white spots when seen from below. These are also present in the Dark-billed, Black-billed, Pearly-breasted, Ash-coloured, Yellow-billed, Pavonine and Pheasant Cuckoos, these last two considered mythical rainforests inhabitants. The Striped Cuckoo, that resembles the Guira Cuckoo, is also reached by myth because it remains always hidden and is able to cast its call as well as a ventriloquist. The anis are black and have a strange humpy bill.

Distribución y hábitat

Viven en selvas y en bosques de la mitad norte del país, aunque algunos, como el Pirincho y el Cuclillo Canela, alcancen el extremo norte de la Patagonia. Los Yasiyateré Grande y Chico no salen de su escondite selvático, y en el otro extremo Pirinchos y Anós Chicos, visitan áreas rurales y aun poblados. Los Cuclillos Pico Amarillo y Ojo Colorado migran desde el hemisferio norte.

Distribution and Habitat

They dwell in forests and rainforests located in the northern half of the country, although some of them, like the Guira and Dark-billed Cuckoos, reach the northern end of the Patagonia. The Pavonine and Pheasant Cuckoos do not leave their hiding place in the rainforest, whereas, in contrast, the Guira Cuckoo and the Smooth-billed Ani visit rural areas and even towns. The Yellow-billed and Black-billed Cuckoos migrate from the northern hemisphere.

Izquierda: Anó Grande - *Crotophaga major* - *Greater Ani: Left.*
Abajo: Pirincho - *Guira guira* - *Guira Cuckoo: Below.*

Arriba izquierda: Cuclillo Canela - *Coccyzus melacoryphus* - *Dark-billed Cuckoo: Above left.*
Arriba derecha: Tingazú - *Piaya cayana* - *Squirrel Cuckoo: Above right.*

Comportamiento

Según la especie de que se trate, muestran conductas diferentes. Cuclillos, yasiyaterés y tingazúes permanecen ocultos en las copas y tienen movimientos sigilosos; otros se exponen en grupos que se alimentan en el suelo y vuelan en fila o toman sol apretados (pirinchos y anós). Aprovechando sus dos dedos hacia adelante y dos hacia atrás, también trepan, mucho menos que loros y por supuesto que carpinteros. Sus gustos culinarios son amplios: invertebrados, frutos, lagartijas, culebras, ranas, huevos y pichones de aves.

Varias especies son parásitas (Crespín, yasiyaterés) y otras (pirinchos, anós) parecen en camino de serlo, pues varias parejas nidifican en un solo y poco elaborado nido comunal. Los huevos varían desde blanco y pequeño en el Crespín, para que se confunda con los del hospedante, hasta el grande y notable huevo verdoso con aplicaciones blancas, como nubes, del Pirincho.

Behaviour

Their behaviour differs according to the species. The Dark-billed, Black-billed, Pearly-breasted, Ash-coloured, Yellow-billed, Pavonine, Pheasant and Squirrel Cuckoos hide in the treetops and move stealthily. Others are seen in small flocks, eating from the ground and flying in line, or sunbathing in a cramped bunch (the Guira Cuckoo and the anis). Taking advantage of their two toes pointed forwards and two backwards, they also climb, though much less than parrots and, of course, woodpeckers. They enjoy a wide variety of food: invertebrates, fruit, lizards, snakes, frogs, eggs and chicks.

Several species are parasites (the Striped, Pavonine and Pheasant Cuckoos) and others (the Guira Cuckoo, the anis) also seem to be on their way to do this, since several couples live in a single communal nest, which is not very elaborate. Eggs range from small and white in the case of the Striped Cuckoo - often confused with those of the host -, to the distinctive large egg laid by the Guira Cuckoo, which is greenish with cloud-like splashes of white.

Arriba: Anó Grande - *Crotophaga major*
Greater Ani: Above.

El arisco Anó Grande, a menudo oculto, se lo suele descubrir por el conjunto de voces que emite la bandada, semejante a un humano parloteo.
The shy Greater Ani, which is often hidden, is usually discovered by the choir of calls produced by the flock, similar to human chattering.

Izquierda: Anó Chico - *Crotophaga ani*
Smooth-billed Ani: Left.

Familias TYTONIDAE - STRIGIDAE

Familia TYTONIDAE (Lechuzas-de-campanario: 1 especie en la Argentina, 16 en el mundo).
Familia STRIGIDAE (Lechuzas, lechuzones, caburés, ñacurutúes, búhos: 17 especies en la Argentina, 189 en el mundo).
Family TYTONIDAE (Church Owl: 1 species in Argentina, 16 worldwide.)
Family STRIGIDAE (Typical owls: 17 species in Argentina, 189 worldwide.)

Identificación

La Lechuza-de-campanario es esbelta (36 cm), y la caracteriza un disco facial acorazonado, blanco, rodeado por una línea negra. La parte inferior y las patas emplumadas son también muy claras, de modo que en la noche, al volar, parece una irreal sombra blanca.
En general, las lechuzas poseen plumaje suave y oscuro con dibujos abigarrados, cabeza grande y cuello corto, alas anchas, un disco facial circular, pico corto y patas con dedos emplumados. Algunas, como el Alilicucu Común, tienen penachos de plumas que parecen orejas. El mayor es el Ñacurutú, búho también orejudo de 50 cm, y el extremo opuesto es el Caburé Chico, menor que un Hornero. Dotadas de inteligencia singular según los antiguos griegos, son aquí motivo de supersticiosa enemistad, cuando, por su alimentación basada en plagas de la agricultura, deberían ser valoradas como las mejores aliadas del campesino.
Algunas, como la Lechucita Vizcachera o el Lechuzón de Campo, diurnas, parecen más amigables. Otras como el Caburé, están ligadas a creencias populares; sus plumas caudales serían infalibles filtros de amor.

Identification

The slender Barn Owl (14") is characterized by a heart-shaped white facial disc framed by a black line. Its underparts and feathered legs are also very light-coloured, resembling a surreal white shadow when flying in the night.
In general, owls have soft dark plumage with multi-coloured patterns, large head, short neck, and wide wings, a round facial disc, a short bill and legs with plumaged toes. Some of them, like the Tropical Screech-Owl, have tufts of feathers that look like ears. The largest is the Great Horned Owl, 20" tall, which also has large ear tufts, and the Ferruginous Pygmy-Owl, smaller than the Rufous Hornero, is at the other end. The ancient Greeks endowed them with great intelligence, but in Argentina, through superstition, these birds are frowned upon, when they really should be appreciated by farmers as the best of allies, considering that they feed on agricultural pests.
Some of these birds, like the Burrowing Owl or the Short-eared Owl, are more diurnal and seem to be friendlier. Others, like the pygmy-owls, are connected with popular beliefs: their rectrices are supposed to be unfailing love potions.

Distribución y hábitat

La Lechuza-de-campanario vive oculta durante el día en árboles (a menudo, palmeras), edificaciones abandonadas, graneros y (de allí su nombre) en campanarios de iglesias. Ocurre en distintos ambientes de todo el país. Mientras que el Ñacurutú, la Lechucita Vizcachera y el Lechuzón de Campo viven en áreas rurales de todo el país y la mayoría se oculta en selvas y bosques del norte y muy pocas, como el Caburé Grande y, en parte, la Lechuza Bataraz, se recluyen en el bosque andino-patagónico.

Distribution and Habitat

During the day, the Barn Owl hides in trees (often palms), abandoned buildings, church towers and old barns, which accounts for its name. It occurs in different habitats throughout the country. The Great Horned, Burrowing and Short-eared Owls live in rural areas all over the country and the majority hide in forests in the north. Very few species (Austral Pygmy-Owl and, to some extent, the Rufous-legged and Chaco Owls) are restricted to the sub-Antarctic forest.

Izquierda: Lechucita Vizcachera - *Athene cunicularia* - *Burrowing Owl: Left.*
Abajo izquierda: Alilicucu Común - *Otus choliba* - *Tropical Screech-Owl: Below left.*
Abajo derecha: Alilicucu Grande - *Otus atricapillus* - *Long-tufted Screech-Owl: Below right.*

Arriba izquierda: Lechuzón Mocho Grande - *Pulsatrix perspicillata* - *Spectacled Owl: Above left.*
Arriba derecha: Lechuzón Negruzco - *Asio stygius* - *Stygian Owl: Above right.*
Abajo izquierda: Lechuza Listada - *Strix hylophila* - *Rusty-barred Owl: Below left.*
Abajo derecha: Lechuzón Orejudo - *Asio clamator* - *Striped Owl: Below right.*

Comportamiento

La Lechuza-de-campanario pasa el día erguida con el pico en el pecho, en huecos oscuros, para salir de caza por la noche aprovechando su singular oído, y la pantalla parabólica que le forma la cara. Se convierte así en excelente auxiliar del ser humano por su consumo de roedores, plato que acompaña con pequeñas aves, reptiles, murciélagos, etc. Su fuerte chistido en la noche no pasa inadvertido. Pone, en los lugares que habita, casi sin acolchado, varios huevos blancos.
El resto de las lechuzas, solitarias, asociadas en la credulidad popular con el ocultismo y el misterio, son mayormente nocturnas, poseen vuelo lento y silencioso, que les permite sorprender a su presa, generalmente lauchas y otros vertebrados o invertebrados. También sorprenden al observador desprevenido con sus voces, a veces, chillidos y en otras, sonidos profundos. La mirada frontal –como una caricatura humana– ayuda al pensamiento mágico, pero es sólo un mecanismo, junto a la movilidad del cuello, que les permite otear los 360º grados de su entorno, en busca de alimento. La Lechucita Vizcachera, asentada en parejas junto a su cueva cavada en el suelo, aunque en disminución, es parte del paisaje campestre. No es la única que nidifica en el suelo, aunque la mayoría lo hace en oquedades o grietas, poniendo varios huevos esféricos, blancos.

Behaviour

The Barn Owl spends the day standing upright with its bill against its breast. It dwells in dark holes and hunts at night, when it takes advantage of its singular hearing ability and face shaped like a parabolic screen. This makes it an excellent assistant to humans, since it feeds on rodents, as well as small birds, reptiles, bats, etc. Its strong nocturnal hoot sound does not go unnoticed. It lays several white eggs, almost without any padding, in the places where it dwells.
The rest of the owls are solitary birds associate by people with mystery and the occult. They are mostly nocturnal and fly slowly and silently, which enables them to surprise their prey, generally invertebrates or small mice and other vertebrates. Unaware observers are also surprised by their calls, which are sometimes hisses and sometimes deep sounds. Their face – akin to the caricature of a person - fuels superstitious beliefs, but it is only a mechanism, together with their neck mobility, which enables them to scan 360º about them in search of food. The Burrowing Owl, although in decline, is a typical part of the countryside landscape, often seen in pairs next to their burrow. It is not the only ground-nesting owl, however, although the majority does so in cavities or cracks, laying several round white eggs..

En una casa abandonada, los padres llegaban cada 15 a 20 minutos con un ratón. Fueron necesarias 3 frías noches y más de 500 fotos para lograr esta imagen.

The parents would return every 15 to 20 minutes to the abandoned house, each time bringing a mouse. Three cold nights and 500 exposures were needed to achieve this picture.

Abajo: Lechuza-de-campanario - *Tyto alba* - *Barn Owl: Below.*

Familias NYCTIBIIDAE - CAPRIMULGIDA

Familia NYCTIBIIDAE (Urutaúes: 2 especies en la Argentina, 7 en el resto. Sólo en América).
Familia CAPRIMULGIDAE (Atajacaminos: 14 especies en la Argentina, 89 en el mundo)
Family NYCTIBIIDAE (Potoos: 2 species in Argentina, 7 in the rest of the countries. Only in the Americas.)
Family CAPRIMULGIDAE (Nightjars, nighthawks: 14 species in Argentina, 89 worldwide.)

Identificación

Son difíciles de ver durante el día por su quietud y colores miméticos. El Urutaú Común (34 cm), llamado "cacuy" en el Noroeste, es apenas menor que el Coludo y posee larga cola con barras y pico corto en una boca extremadamente amplia. De noche, sus ojos brillan rojos.
Poco conocidos, debido a su actividad nocturna y coloración oscura y mimética, los Atajacaminos no cuentan con rasgos distintivos salvo en comportamiento. Poseen cabeza grande, alas largas y cuello, patas y pico cortos, mientras la boca es amplia. La cola, a menudo larga, es larguísima en especies como los Atajacaminos Coludo y Lira, ambos de 75 cm en el macho, que cuenta con dos enormes plumas en la cola. El menor es el Chico, de 15 cm. Iluminados en la noche, sus ojos devuelven, como los urutaúes, un notable brillo rojo.

Identification

The Common Potoo (13" in size) is difficult to see because of its quietness during the day and its mimetic colour. It is also referred to as `cacuy´ in the northwest and is slightly smaller than the Long-tailed Potoo. It has a long striped tail and a short bill leading to an extremely wide mouth. At night its eyes are shiny red. Owing to their nocturnal activity and mimetic dark coloration, nightjars and nighthawks are not very well known and do not have any distinctive features, except for their behaviour. They have a large head, long wings, short neck, bill and legs, and their mouth is wide. Their tail, often long, is especially long in species such as the Long-trained and Lyre-tailed Nightjars, the male in both cases being 30" in size with two enormous tail feathers. The smallest is the Little Nightjar, which is 6" in size. When illuminated at night, their eyes reflect a striking red spot.

Distribución y hábitat

Ambas especies de urutaúes viven en bosques y selvas del Norte. La mayoría de los atajacaminos ocupan también cálidas selvas y bosques del norte y sólo algunos alcanzan el centro del país (Atajacaminos Chico y Tijera), mientras que el Ñacundá y el Atajacaminos Ñañarca, llegan a las estepas patagónicas. El Añapero Boreal migra desde el hemisferio norte hasta las arboledas de Buenos Aires.

Distribution and Habitat

Both species of potoo dwell in northern forests and rainforests. Most nightjars and nighthawks also live in warm forests and rainforests in the north and only some of them can be found in the central region of the country (Little and Scissor-tailed Nightjars), whereas the Nacunda Nighthawk and the Band-winged Nightjar reach the Patagonian steppes. The Common Nighthawk migrates from the northern hemisphere to the tree-lined streets of Buenos Aires.

Comportamiento

Si uno escucha un largo lamento casi humano en la oscuridad umbría, un Urutaú –que el poeta imaginó llorando en las "ramas" del yatay– está cerca. De día permanecen erectos, como continuación de una quebrada rama vertical donde, en época reproductiva, ponen un único huevo.
Cazan insectos en el aire, sin asentarse jamás en el suelo. Se han tejido innúmeras leyendas sobre los atajaminos, aves crepusculares que, inmóviles en el suelo o en ramas y, a menudo, en caminos, sorprenden con un vuelo silencioso y bruscos cambios de dirección. Se los imaginó antiguos asaltantes a quienes Dios castigó convirtiéndolos en aves de la sombra. La denominación "chotacabras", usado en España, proviene de la errónea creencia de que maman de los animales domésticos, cuando, en realidad, son insectívoros. No hacen nido, poniendo sus huevos manchados en un limpión del terreno, los que trasladan si adivinan peligro.

Behaviour

If you hear a long, almost human-like, moan in the shady darkness, a potoo is nearby - which the poet Carlos Guido y Spano imagined as weeping in the `branches´ of a yatay palm tree. They alight upright during the day, as if they were an extension of a broken vertical branch, where they lay only one egg during the breeding season. They catch insects in the air, without ever making contact with the ground. Countless legends have been woven about nightjars and nighthawks, crepuscular birds which, being motionless on the ground or branches and often on paths, surprise us by flying off quietly with sudden changes of direction. They were imagined as old thieves punished by God and making them into shadow birds. The name `chotacabras´, used in Spain, stems from the mistaken belief that they suck milk from domestic animals, when they are in fact insectivorous. They do not build nests. They lay their spotted eggs on a clear patch of ground and move them away when they predict any danger.

Izquierda: Curiango, fase roja - *Nyctidromus albicolis* - *Pauraque: Left.*
Abajo izquierda: Urutaú Común - *Nyctibus griseus* - *Common Potoo: Below left* (RL).
Abajo derecha: Ñacundá - *Podager nacunda* - *Nacunda Nighthawk: Below right.*

Abajo: Atajacaminos Ñañarca - *Caprimulgus longirostris*
Rusty-barred Owl: Below.

Familias APODIDAE - TROCHILIDAE

Identificación

Los vencejos suelen ser confundidos con golondrinas, a las que se parecen por su boca grande, pico, patas y cuello cortos y alas largas, que en los vencejos son más extensas, estrechas y curvadas. De tamaño similar (entre 11 y 20 cm), la mayoría son pardos o negruzcos, siendo blancos en lo inferior sólo dos de ellos: el Montañes y el Blanco. El más reconocible es el Vencejo de Collar, que sobre un plumaje negro, posee un albo collar.

Los picaflores, joyas refulgentes, son inconfundibles. Pequeños, pero el Picaflor Gigante (16 cm), de coloración modesta, es la excepción. Los demás, desde el Picaflor Enano o el Amatista (6 cm), que recuerdan abejorros, hasta el Picaflor Cometa (15 cm), con una larga cola roja, son magníficas gemas de brillo cambiante, según incida la luz. Y no los hay en otros continentes. A menudo verdes metalizados, pero con zonas de azul, canela, blanco y negro, según la especie, en la sombra se ven oscuros. Pocos tienen una larga cresta, como el Picaflor Copetón, pero todos, un pico largo y fino, a menudo recto y, a veces, curvado (Ermitaños Escamado y Canela). Patas muy cortas, con las que pueden apoyarse en ramas, no en el suelo. La cola es más bien recta, pero a veces muy furcada (Picaflor de Barbijo, Picaflor Enano). La hembra es, en general, de colores más deslucidos.

Identification

Swifts are often confused with swallows, which they resemble because of their large mouth, short neck, bill and legs, and their long wings, which are longer, narrower and curved. They all have a similar size (between 4" and 8") and most are brownish grey or blackish. Only two of them have white underparts: the White-tipped and Andean Swifts. The most easily recognizable is the White-collared Swift, which displays a white collar on its black plumage.

Hummingbirds, those shiny jewels, are unmistakable. They are small birds, but the modestly coloured Giant Hummingbird (6"), is the exception. The rest of them, from the Slender-tailed Woodstar or the Amethyst Woodstar (2.3"), which look like bumblebees, to the Red-tailed Comet (6"), with a long red tail, are sparkling gems that vary according to the incidence of light. They do not found on other continents. They are often metallic green, but with touches of blue, cinnamon, black and white, depending on the species. However, they look dark in the shade. Few of them display a long crest, like the Plovercrest, but they all have a long thin bill which is often straight and sometimes curved (Scale-throated and Planalto Hermits). They have very short legs with which they can stand on branches, but not on the ground. Their tail is straight, but sometimes highly forked (as in the Blue-tufted Starthroat and Slender-billed Woodstar). The female generally displays more faded colours.

Familia APODIDAE (Vencejos: 8 especies en la Argentina, 92 en el mundo)
Familia TROCHILIDAE (Picaflores, colibríes, ermitaños: 29 especies en la Argentina, 328 en total. Sólo en América).
Family APODIDAE (Swifts: 8 species in Argentina, 92 worldwide.)
Family TROCHILIDAE (Hummingbirds: 29 species in Argentina, 328 in total. Only in the Americas.)

Distribución y hábitat

Algunos vencejos viven en zonas áridas andinas y serranas (Montañés, Blanco y de Collar) o en selvas del norte (Vencejos Negruzco y Pardo) y hay uno, el de Cascada, conocido por los visitantes del Parque Nacional Iguazú, que se asienta tras las torrenciales cataratas.
Pocos picaflores ocupan tanto territorio como el Picaflor Común que, desde los bosques y selvas del Norte, alcanza parques y jardines de Buenos Aires o Mendoza. Sin llegar a tanto, son habituales en áreas que incluyen grandes poblados el Picaflor de Barbijo, azul de garganta roja; el Bronceado, de cola dorada; y el Garganta Blanca, que en los últimos decenios avanzó hacia el sur. Los Picaflores Andino, Gigante y Puneño y los distintos Colibríes habitan estepas andinas, mientras que el Picaflor Rubí está restringido al bosque andino-patagónico, donde no parece imaginable la presencia de aves que uno siente asociadas al trópico.

Distribution and Habitat

Some swifts live in arid sierras and Andean regions (White-tipped, Andean and White-collared Swifts) or in rainforests in the north (Rothschild's and Sooty Swifts) and there is one species, the Great Dusky Swift, known by those who visit the Iguazú National Park, which alights behind the torrential waterfalls.
Few hummingbirds can be found over such a large range as the Glittering-bellied Emerald, which, from the forests in the north, reaches parks and gardens in Buenos Aires or Mendoza. Not so widespread, the Blue-tufted Starthroat, which is blue with a red neck, the golden-tailed Gilded Hummingbird, and the White-throated Hummingbird, which has progressed southwards over the last decades, are frequent in diverse areas, including large towns. The Giant Hummingbird, the Andean and White-sided Hillstars and violet-ears inhabit Andean steppes, whereas the Green-backed Firecrown is confined to the sub-Antarctic forest, where it is hard to imagine birds which we associate more with the tropics.

Izquierda: Picaflor Común hembra - *Chlorostilbon aureoventris* - *Glittering-bellied Emerald: Left.*
Abajo izquierda: Picaflor Bronceado - *Hylocharis chrysura* - *Gilded Sapphire: Below left.*
Abajo derecha: Picaflor Esmeralda - *Amazilia versicolor* - *Versicolored Emerald: Below right.*

Izquierda: Picaflor Negro
Melanotrochilus fuscus
Black Jacobin: Left.

Comportamiento

Sociables y veloces en sus desplazamientos aéreos, los vencejos se alimentan en vuelo –también en esto se asemejan a golondrinas–, aunque son más rápidos, vuelan más alto, poco se detienen ni se asientan en el suelo –no pueden hacerlo– manteniéndose para dormir, trepados en posición vertical. En esos mismos lugares, en nidos de musgo y plumas unidos con su saliva, ponen varios huevos blancos. La "sopa de nidos de golondrina", de fama internacional, se hace con nidos de vencejos asiáticos que sólo utilizan saliva.
También en este aspecto, los picaflores son excepcionales. Eximios voladores, pueden permanecer en un punto y volar luego en cualquier dirección, incluso hacia atrás, capacidad única entre las aves. Salvo el Picaflor Gigante, los demás baten las alas a increíble velocidad, que llega en las especies menores a 200 veces por segundo, produciendo un zumbido. Para lograr estos prodigios poseen curiosas adaptaciones, como un corazón con el 20% del peso total. El metabolismo es igualmente exagerado y consumen alimentos en gran cantidad y muy nutritivos –néctar, arañuelas, insectos– que, en general, obtienen introduciendo su pico en flores con corolas tubulares. Su enorme velocidad de reflejos les asegura que, cualquiera sea el acercamiento que logremos, nuestros movimientos parecerán torpes, y antes de que reaccionemos, estarán libando la próxima flor. Es común verlos en nuestros jardines bañarse con el agua de regadores y mangueras.
Son solitarios, agresivos con sus congéneres y aun con aves mayores. Polígamos, el macho copula con cuanta hembra encuentre (el nombre de "picaflor" no deriva de esta poco conocida característica) y cada una de ellas se encargará de construir un delicado nido y poner allí dos pequeños huevos blancos, como confites.

Behaviour

Swifts are sociable and fly at great speed. They feed on the wing –and in this respect, they are also similar to swallows–, although they are faster, fly higher, stop little and do not alight on the ground –which they are unable to do–, so they roost in a vertical posture. In nests made of moss and feathers joined together with their saliva, they lay several white eggs. The world-famous "bird nest soup" is prepared with Asian swifts´ nests made only of saliva.
Hummingbirds are also exceptional in this respect. They are masters of flight, hovering in one place and then darting in any direction, even backwards, a unique ability among birds. Except for the Giant Hummingbird, they flap their wings at an incredible speed, reaching 200 times per second in the smaller species and producing a humming. In order to perform such wonders, they have curious adaptations, such as a heart weighing 20% of the total weight. Their metabolism is equally exaggerated and they eat very nutritious food –nectar, small spiders and insects– in large quantities, mostly obtained by introducing their bills into flowers with tubular corollas. Their quick reflexes will ensure that, no matter how close we get, our movements will always seem clumsy and, before we can react, they will be feeding off another flower. It is common to see them in our gardens, bathing in the water from hoses and watering cans.
They are solitary birds which turn aggressive against others of their kind and even with larger birds. They are polygamous and the male mates with as many females as it may find. Each female will be in charge of building a delicate nest and lays two small sugared-almond-like eggs.

Arriba izquierda: Picaflor Garganta Blanca - *Leucochloris albicollis*
White-throated Hummingbird: Above left.
Arriba derecha: Picaflor Corona Violácea - *Thalurania glaucopis*
Violet-capped Woodnymph: Above right.
Abajo izquierda: Picaflor Copetón - *Stephanoxis lalandi*
Black-breasted Plovercrest: Below left.
Abajo derecha: Vencejo de Cascada - *Cypseloides senex*
Great Dusky Swift: Below right (RG).

Familia TROGONIDAE

Surucuás: 3 especies en la Argentina, 39 en total. Sólo en América.
Trogons: 3 species in Argentina, 39 in total. Only in the Americas.

Identificación

De vistoso plumaje, similares en tamaño (24 cm), poseen pico corto, robusto y dentado, alas y patas cortas, con larga cola –que no alcanza el esplendor de sus parientes del Norte, los quetzales– siendo larga, péndula, ancha y escalonada. Con el dorso verde brillante –las hembras son más apagadas–, dos de ellos: los Surucuás Común y Aurora poseen la parte inferior roja –los distingue la cola– que es amarilla en el restante.

Identification

They all have colourful plumage and similar size (9"), a short sturdy serrated bill, short wings and legs, and a long wide layered tail that hangs like a pendulum, although not as splendorous as their northern relatives, the quetzals. They have a bright green back, which in females is more faded. Two of them, the Surucua and Blue-crowned Trogons, have red underparts –told apart by their tail– while the third species has yellow.

Distribución y hábitat

De las selvas del extremo norte, dos habitan principalmente Misiones, y el Surucuá Aurora, las yungas del Noroeste.

Distribution and Habitat

From the northern rainforests, two of them dwell mainly in the province of Misiones, and the Blue-crowned Trogon inhabits the yungas cloud forests in the northwest.

Comportamiento

Confiados, permanecen quietos sobre nuestras cabezas, pero su pasividad y brillante colorido, mimético en la selva, dificultan el hallazgo. Los detecta la sucesión de audibles silbos que emiten. Se alimentan de insectos y arañas sin desdeñar frutitos y brotes. Nidifican en huecos de árboles o termiteros donde ponen dos a cuatro huevos blancuzcos.

Behaviour

They are trusting birds which remain motionless above our heads, but their passivity and bright colours, mimetic in the rainforests, make them difficult to find. It is the succession of audible whistles they emit that reveals their presence. They feed on insects and spiders, but do not spurn small fruit and shoots. They nest in tree holes or termite mounds where they lay from two to four whitish eggs.

Izquierda: Surucuá Común macho - *Trogon surrucura*
Surucua Trogon: Left (RG).
Derecha arriba: Surucuá Amarillo macho - *Trogon rufus*
Black-throated Trogon: Right top (RG).
Derecha abajo: Surucuá Amarillo hembra - *Trogon rufus*
Black-throated Trogon: Right bottom (RG).
Abajo: Surucuá Común hembra - *Trogon surrucura*
Surucua Trogon: Below (RG).

Familias ALCEDINIDAE - MOMOTIDAE

Familia ALCEDINIDAE (Martín pescadores: 4 especies en la Argentina, 93 en el mundo).
Familia MOMOTIDAE (Burgo y Yeruvá: 2 especies en la Argentina, 10 en total. Sólo en América)
Family ALCEDINIDAE (Kingfishers: 4 species in Argentina, 93 worldwide.)
Family MOMOTIDAE (Blue-crowned Motmot, Rufous-capped Motmot: 2 species in Argentina, 10 in total. Only in the Americas.)

Identificación

Aves parecidas entre sí pero de diferente tamaño, los martín pescadores se caracterizan por su largo pico, recto y agudo, una cabeza grande con leve copete nucal, collar blanco, y alas romas. El dorso es verde, reemplazado por gris celeste en el Martín Pescador Grande (36 cm) y lo inferior blanco, tanto en el Mediano (26 cm) como en el Chico (17), mientras es rojizo en el Grande y en el Enano (11 cm)
Las dos especies de la familia Momotidae son también parecidas entre sí, tanto en tamaño (38 a 40 cm), como en coloración, en la que predomina el verde. De todos modos son aquí alopátricos, es decir, que viven separados por grandes distancias. El Yeruvá posee una corona rojiza, que es celeste y negra en el Burgo. Ambos poseen antifaz negro y una larga cola escalonada que los caracteriza.

Identificación

Kingfishers look alike but differ in size. They are characterized by a long straight pointed bill, a large head with a tiny crest on the nape, a white collar and blunt wings. Their back is green, but the Ringed Kingfisher (14") is grey-blue. The Amazon and Green Kingfishers (10" and 6" respectively) have white underparts, whereas these are reddish in the Ringed and American Pygmy Kingfishers (the latter is 4.3" size).
The two species of the Momotidae family look alike both in size (14" to 16") and colour, in which green prevails. They are allopatric in Argentina, which means their ranges do not overlap. The Rufous-capped Motmot has a reddish crown, which is light blue and black in the Blue-crowned Motmot. They both have a distinctive black mask and a long layered tail.

Distribución y hábitat

El Martín Pescador Grande es el de más amplia distribución, pues sus dos razas abarcan todo el país. Tanto el Martín Pescador Mediano como el Chico, a partir del Norte, sólo alcanzan el centro del país. Al Enano, muy escaso, sólo se lo ha hallado en el Parque Nacional Iguazú.
El Yeruvá y el Burgo viven en selvas, en el Nordeste el primero y en las yungas del Noroeste, el Burgo.

Distribution and Habitat

The Ringed Kingfisher is the most widespread since its two subspecies are found all over the country. Both the Amazon and Green Kingfishers only reach the central region of the country from the north. The American Pygmy Kingfisher, which is very scarce, has only been found at the Iguazú National Park.
The Rufous-capped and Blue-crowned Motmots live in rainforests: The former dwells in the northeast and the latter, in the northwestern yungas.

Izquierda: Martín Pescador Mediano macho
Chloroceryle amazona - *Amazon Kingfisher: Left.*
Derecha: Martín Pescador Grande macho
Ceryle torquata - *Ringed Kingfisher: Right.*
Abajo: Martín Pescador Grande hembra
Ceryle torquata - *Ringed Kingfisher: Right.*

Comportamiento

Los martín pescadores son aves pasivas, que suelen posar mucho tiempo sobre o cerca del agua, en una atalaya, desde la que zambullen abruptamente para pescar cerca de la superficie.
Cavan huecos profundos en barrancas donde ponen varios huevos blancos, esféricos.
Burgos y yeruvás suelen asentarse en árboles, erguidos e inmóviles, de modo que se los detecta más bien por sus fuertes voces, que emiten en el crepúsculo. El vuelo es lento y ondulado y la alimentación omnívora.
Nidifican en huecos de barrancas, a baja altura, poniendo dos huevos blancos, lustrosos.

Behaviour

Kingfishers are passive birds which spend a long time alighting on a perch above or close to water, from which they suddenly dive to fish near the surface.
They dig deep holes in earth banks where they lay several round white eggs.
The Blue-crowned and Red-capped Motmots usually alight on trees, upright and motionlessly, detected by of their loud calls delivered at twilight. Their flight is slow and undulating, and they are omnivores.
They nest in holes made low in earth banks, and lay two shiny white eggs.

Arriba izquierda y abajo: Martín Pescador Chico hembra *Chloroceryle americana*
Green Kingfisher: Above left & below.
Arriba derecha: Martín Pescador Chico macho - *Chloroceryle americana*
Green Kingfisher: Above right.

Página siguiente:
Arriba izquierda y derecha: Burgo - *Momotus momota*
Blue-crowned Motmot: Above left & right.
Abajo izquierda y derecha: Yeruvá - *Baryphthengus ruficapillus* - *Rufous-capped Motmot: Below left & right.*

Familias BUCCONIDAE - RAMPHASTIDAE

Familia BUCCONIDAE (Chacurúes y durmilíes: 4 especies en la Argentina, 35 en total. Sólo en América).
Familia RAMPHASTIDAE (Tucanes y arasaríes: 5 especies en la Argentina, 34 en total. Sólo en América).
Family BUCCONIDAE (Puffbirds: 4 species in Argentina, 35 in total. Only in the Americas.)
Family RAMPHASTIDAE (Toucans: 5 species in Argentina, 34 in total. Only in the Americas.)

Identificación

Chacurúes y durmilíes recuerdan algo a los martín pescadores, pero el pico es robusto, con finas plumas en su base y un gancho en la punta, y la cabeza grande. El más común en la familia es el Durmilí (18 cm) con el pecho estriado de negro y la cola con barras. El Chacurú Grande (23 cm) es negro con la garganta blanca y el vientre canela. El Chacurú Cara Negra (18 cm) tiene un pico rosado fuerte y el Chico (13 cm) es el menos conspicuo.
Los tucanes son aves medianas, entre los 30 cm del oliváceo Arasarí Chico, con el pico listado de negro, hasta el Tucán Grande (53 cm), negro con garganta blanca y enorme pico amarillo anaranjado, comprimido como el de los demás. Y entre ellos, los también coloridos Arasarí Banana, Arasarí Fajado y el Tucán Pico Verde, de vientre rojo.

Identification

Puffbirds slightly resemble kingfishers, but their bill is sturdy, with thin feathers at the base and a hook at the tip, and they have a large head. The most common in the family is the Chaco Puffbird (7"), with a black-striated breast and a banded tail. The White-necked Puffbird (9") is black with a white throat and cinnamon belly. The White-eared Puffbird (7") has a dark pink bill and the Rusty-breasted Nunlet (5") is the least noteworthy. Toucans are medium-sized birds ranging from 12" in the olivaceous Spot-billed Toucanet, whose bill has black stripes, to 20" in the Toco Toucan, which is black except for its pure white throat and enormous orange-yellow laterally-compressed bill. Other birds of this group are the also colourful Saffron Toucanet, Chestnut-eared Araçari and Green-billed Toucan, that has a red belly.

Distribución y hábitat

El Durmilí habita los bosques chaqueños y alcanza las provincias centrales; los otros tres prefieren sólo las selvas misioneras.
Los tucanes son también selváticos. La mayoría se halla en Misiones, especialmente en el Iguazú, pero el Tucán Grande posee una distribución mucho mayor, incluyendo las yungas de Salta y Jujuy y el este de Chaco y Formosa.

Distribution and Habitat

The Chaco Puffbird dwells in the forests of the province of Chaco and can be found in the central regions of the country; the other three prefer only the rainforest of Misiones.
Toucans also dwell in rainforests. Most of them are in Misiones, especially in the Iguazú region, but the Toco Toucan is much more widespread and its distribution includes the yungas cloud forests in Salta and Jujuy and the east of Chaco and Formosa.

Izquierda: Tucán Pico Verde - *Ramphastos dicolorus* - *Red-breasted Toucan: Left.*
Abajo izquierda: Arasarí Banana - *Baillonius bailloni* - *Saffron Toucanet: Below left.*
Abajo derecha superior: Arasarí Fajado - *Pteroglossus castanotis* - *Chestnut-eared Aracari: Below right top.*
Abajo derecha inferior: Arasarí Chico - *Selenidera maculirostris* - *Spot-billed Toucanet: Below right down.*

Arriba: Tucán Grande - *Ramphastos toco* - *Toco Toucan: Above.*

Comportamiento

A los bucónidos los caracteriza su extrema pasividad y confianza. Posados, con la angosta cola péndula, pasan largo tiempo. Abandonan la posición al crepúsculo para buscar insectos y pequeños invertebrados. Nidifican en huecos y ponen varios huevos blancos, lustrosos.

El vuelo característico, alto, lento y ondulado, en fila india, con el caricaturesco pico como cayéndosele por el peso –pese a ser bien liviano– identifica a los tucanes. Suelen andar en grupos y son confiados y bullangueros, mientras se mueven entre los árboles en procura de alimento, mayormente frutos, sin desdeñar insectos, pequeños vertebrados como pichones de aves, y aún sus huevos. Los Boyeros Cacique, que cuelgan sus nidos como bolsas en las palmeras, eligen lugares frecuentados por el ser humano, para defenderse del enemigo mayor, el tucán. Para dormir, apoyan la cabeza sobre el lomo y la cubren con la cola. Nidifican en huecos de árboles, donde ponen algunos huevos blancos.

Behaviour

They are characterized by their extreme passivity and trusting nature. They spend a long time alighting with their narrow tail hanging like a pendulum. They leave this position at twilight to search for insects and small invertebrates. They nest in holes and lay several shiny white eggs.

Toucans have a distinctive manner of flying: high, slowly and undulating, in line and porting their caricature-like bill, looking as if it were going to fall off due to its weight - when it is in fact very light. They are usually found in groups and they are trusting and noisy while they move among trees in search of food, mainly fruit, without spurning insects, small vertebrates such as chicks, and even bird eggs. The Red-rumped Cacique, which has a basket nest hung from palm trees, chooses places visited by humans as a way to defend itself from its most serious enemy: the toucans. When sleeping, they lay their head on their back and cover it with their tail. They nest in tree holes, where they lay some white eggs.

Arriba: Chacurú Chico
Nonnula rubecula
Rusty-breasted Nunlet: Above.
Derecha: Chacurú Cara Negra
Nystalus chacuru
White-eared Puffbird: Right.

Familia PICIDAE

Carpinteros: 30 especies en la Argentina, 216 en el mundo.
Woodpeckers: 30 species in Argentina, 216 worldwide.

Identificación

Este numeroso grupo de aves que habita casi el mundo entero, es bien conocido, pues muchas de sus especies, como el Carpintero Campestre y el Real, conviven con el ser humano en parques y plazas. La mayoría muestra colorido plumaje, pero tal vez el más llamativo sea el Carpintero Arco iris y menos, el Carpintero Oliva Oscuro, de las Yungas. Notable también es el Carpintero Blanco, cuya albura sólo la interrumpe el negro del dorso. Pero hay un grupo compuesto por siete grandes carpinteros, espectaculares, todos con la cabeza y una importante cresta, roja, que en otras dos especies es remplazada por amarillo. El mayor es el Carpintero Gigante, de unos 36 cm; de todos el más pequeño es el Carpinterito Común, de sólo 8 cm.
Se caracterizan por su pico fuerte, recto y agudo, importante para cavar la madera y por una cola rígida, que junto a la disposición de los dedos, les permiten apoyarse verticalmente en los troncos.

Identification

This numerous group of birds dwells in almost every part of the world. It is very well known since many species, such as the Campo Flicker and Green-barred Woodpecker, live close to humans in parks and squares. Most display colourful plumage; perhaps the most striking is the Yellow-fronted Woodpecker, whereas the Smoky-brown Woodpecker, from the Yungas, is the least eye-catching. The White Woodpecker is also notable, overall white only interrupted by a black back. But there is a group of seven large and spectacular woodpeckers. All have a red head and crest, which is yellow in two other species. The largest is the Magellanic Woodpecker, which is 14" in size, whereas the smallest is the White-barred Piculet, only 3". They are characterized by a strong straight pointed bill, an important tool for drilling wood, and by a stiff tail which, together with their toes, allows them to perch vertically on trunks.

Distribución y hábitat

Carpinteros hay en todo el país, aunque la predominancia ocurre en las selvas de Misiones. Sin embargo, tanto el notable Carpintero Gigante como otras dos especies más, sólo pueden ser hallados en el denso bosque patagónico, junto a los Andes. Hay otro típicamente andino, varios que habitan las yungas o selvas en el noroeste, y otros, más chaqueños, muestran una distribución amplia, como el bonito Carpintero del Cardón, el pequeñísimo Carpinterito Común, y sobre todo, los Carpinteros Campestre y Real que, desde el Norte alcanzan las provincias norpatagónicas.

Distribution and Habitat

Woodpeckers are found all over the country, although many are from the rainforest of Misiones. However, the notable Magellanic Woodpecker and two other species can only be found in the dense sub-Antarctic forest, by the Andes. One more is typically Andean, several woodpeckers live in the yungas or cloud rainforests in the northwest, and others, from the province of Chaco, are widespread, like the attractive White-fronted Woodpecker, the very tiny White-barred Piculet and, above all else, the Campo Flicker and the Green-barred Woodpecker, ranging from the north of the country to the provinces in northern Patagonia.

Izquierda: Carpintero Garganta Estriada - *Dryocopus lineatus* - *Lineated Woodpecker: Left.*
Abajo izquierda: Carpintero Arcoiris macho - *Melanerpes flavifrons* - *Yellow-fronted Woodpecker: Below left.*
Abajo derecha: Carpintero Arcoiris hembra - *Melanerpes flavifrons* - *Yellow-fronted Woodpecker: Below right.*

Comportamiento

Lo característico de estas aves arborícolas, mal llamadas "pájaros" carpinteros, es que se "pegan" a los troncos o trepan, en busca de larvas, gusanos e insectos que viven detrás de la corteza o en áreas descompuestas de la madera, prestándole gran servicio al árbol. Los más pequeños no suelen trepar. También agujerean el tronco cuando preparan su nido, que es un hueco profundo con entrada circular, en el que ponen hasta cinco huevos blancos, esféricos y lustrosos. Algunos se alimentan de frutos y los hay que capturan insectos en vuelo. Otros, como el Campestre, prefieren alimentarse de hormigas, por lo que es común verlos en el suelo. En los árboles descansan, se ocultan o nidifican. El vuelo de todos ellos es bajo y ondulado. La mayoría anda en parejas o pequeños grupos familiares, pero los hay gregarios como el Carpintero Pitío o el Blanco. Suelen emitir voces audibles y además, con el pico golpean rítmicamente los troncos, de modo distinto cada especie.

Behaviour

The distinctive feature of these tree-dwelling birds is that they cling to trunks or climb them in search of larvae, worms and insects living beneath bark or in rotten wood, and this action provides a useful service to the tree. The smallest species do not usually climb. They also drill the trunk when they are building their nest, a deep hollow with a round opening where they lay up to five round shiny white eggs. Some of them feed on fruit and there are some which catch insects in the air. Others, like the Campo Flicker, prefer to feed on ants, so they are usually seen on the ground.
They rest, hide or nest on trees. Their flight is low and wavy. Most species move around in couples or small family groups, but some are gregarious, like the Chilean Flicker or the White Woodpecker. Most have loud calls and, in addition, they peck trunks rhythmically, each species having a specific drumming pattern.

Arriba: Carpintero Campestre (izq. macho; der. hembra) *Colaptes campestris* - *Field Flicker: Above.*

Izquierda: Carpintero Real Común macho - *Colaptes melanolaimus* - *Golden-breasted Woodpecker: Left.*

Carpintero Bataraz Grande - *Picoides lignarius* - *Striped Woodpecker.*

Carpintero Pitío - *Colaptes pitus* - *Chilean Flicker.*

Carpintero Andino - *Colaptes rupicola* - *Andean Flicker.*

Carpintero Lomo Blanco macho - *Campephilus leucopogon*
Cream-backed Woodpecker.

Carpinterito Cuello Canela - *Picumnus temminckii*

Carpintero del Cardón - *Melanerpes cactorum* - *White-fronted*

Familia DENDROCOLAPTIDAE

Llamados "pájaros" en el lenguaje usual, el orden de los Passeriformes constituye el grupo más exitoso entre las aves, con unas 100 familias y 5800 especies en el mundo, aproximadamente la mitad del total.

Known as "passerines" or "perching birds", this order constitutes the most successful group among birds, with about 100 families and 5,800 species around the world, approximately one half of the total.

Chincheros, picapalos y trepadores.12 especies en la Argentina, 52 en total. Sólo en América.
Woodcreepers and scythebills: 12 species in Argentina, 52 in total. Only in the Americas.

Identificación

Pájaros entre 14 y 30 cm, pardos, con cola rígida terminada en puntas, que apoyan en los troncos, como los carpinteros. Los Picapalos Colorado y Oscuro poseen picos extremadamente largos y curvos.

Identification

These are brownish grey birds from 5" to 12" in size with a stiff pointed tail with which they gain support when climbing tree trunks, such as woodpeckers do. The Red-billed and Black-billed Scythebills have extremely long curved bills.

Distribución y hábitat

Se distribuyen en especial por el Norte, varios de ellos en Misiones (Chinchero Escamado, Chinchero Enano, Picapalo Oscuro), donde habitan selvas, o bien las yungas del Noroeste (Trepador Colorado). Algunos invaden el área chaqueña, como el Trepador Gigante o el Picapalo Colorado, y sólo poseen distribución más austral los Chincheros Grande y Chico, que alcanzan la latitud de Buenos Aires.

Distribution and Habitat

They are found in the north of the country; several live in Misiones (Lesser and Scalloped Woodcreepers and the Black-billed Scythebill), in the rainforests, or in the yungas in the northwest (Black-banded Woodcreeper). Some of them in the Chaco region, such as the Great Rufous Woodcreeper or the Red-billed Scythebill, whereas the only ones which can be found further south are the Scimitar-billed and the Narrow-billed Woodcreepers, near Buenos Aires.

Comportamiento

Trepan árboles, recorriendo los troncos en busca de larvas y orugas. El Chinchero Grande y el Trepador Gigante bajan al suelo en busca de hormigas. Las voces son estridentes. No construyen nidos, sino que ponen sus huevos blancos en huecos de árboles, a menudo, hechos por carpinteros.

Behaviour

They climb trees, searching trunks for larvae and caterpillars. The Scimitar-billed and Great Rufous Woodcreepers drop to the ground in search of ants. They make strident sounds. They do not build nests, but lay their white eggs in tree holes often made by woodpeckers.

Izquierda: Trepador Gigante *Xiphocolaptes major*
Great Rufous Woodcreeper: Left.
Derecha: Chinchero Grande - *Drymornis bridgesii*
Scimitar-billed Woodcreeper: Right.
Abajo: Chinchero Chico - *Lepidocolaptes angustirostris*
Narrow-billed Woodcreeper: Below.

Familia FURNARIIDAE

Remolineras, bandurritas, horneros, canasteros, espartilleros, pijuíes, espineros, junqueros, leñateros, etc. 78 especies en la Argentina, 236 en total). Sólo en América.
Ovenbirds or furnarids: 78 species in Argentina, 236 in total. Only in the Americas.

Identificación

Pájaros entre 12 y 23 cm. Coloración modesta, a menudo parda con toques de otros tonos, a veces con estrías. Alas cortas y redondeadas. Pico sin gancho en la punta. Pocas veces es largo y curvado hacia abajo (4 cm en la Bandurrita Andina) y menos aún curvado hacia arriba (picoleznas). La cola es suave, sin espinas rígidas, salvo el Picolezna Patagónico. Ciertas especies poseen colas largas (coluditos, chotoy), pero el extremo corresponde al Colilarga, con dos delgadas timoneras que miden unos 15 cm, 2/3 del total del pájaro.

Identification

They measure from 4.7" to 9", modestly coloured brownish grey with just a touch of other colours, sometimes streaked. Their wings are short and round, and their bill lacks a hook at the tip. In a few cases it is long and decurved (1.5" long in the Buff-breasted Earthcreeper) or upcurved (xenops, treehunters and treerunners). The tail is soft without stiff spines at the tip, except in the case of the White-throated Treerunner. Certain species display a long tail (such as tit-spinetails and Chotoy Spinetail), but the longest belongs to Des Murs´s Wiretail, which has two narrow feathers about 6" long.

Distribución y hábitat

Habitan todo el territorio y la mayoría de los ambientes, desde selvas (ticoticos) y bosques (trepadorcitos) hasta terrenos montañosos (bandurritas), áreas nevadas (Caminera Grande), llanuras arboladas (Canastero Chaqueño), pastizales (Espartillero Pampeano), bañados (Junquero) y aun poblaciones (Hornero).

Distribution and Habitat

They inhabit the whole country and most habitats, from rainforests (foliage-gleaners) and forests (Stripe-crowned Spinetail) to mountainous regions (earthcreepers), tree-covered plains (Short-billed Canastero), grasslands (Hudson´s Canastero), wetlands (Wren-like Rushbird) and even towns (Rufous Hornero).

Comportamiento

Solitarios o en parejas, aunque algunos, en sus desplazamientos forman grupos pequeños (camineras) y, sobre todos, las especies selváticas, que participan de bandadas invernales (Ticotico Común). Sedentarios y de vuelo corto y débil, son raras entre ellos las migraciones. Prefieren el suelo o matas bajas, y los hay que, ante el peligro, eligen correr a volar (Caminera Común). A especies que viven entre la vegetación (por ejemplo, pijuíes), se las detecta por su voz. Esta es, entre los furnáridos, estridente y prolongada, y muchos de ellos, como el Hornero, cantan a dúo.
Aunque insectívoros, sus hábitos alimentarios difieren entre sí. En su dieta entran larvas, gusanos, arañitas, insectos, a veces, bayas o frutos, y los hay, como el Hornero, que no desdeñan restos de la cocina humana.
La nidificación es su aspecto más interesante. El resguardo de los huevos ha hallado en los furnáridos respuestas diversas e ingeniosas. Lo único constante es el carácter de "cerrado" de sus nidos. Existen diferentes soluciones para cada uno de los 74 géneros de esta familia. Desde el aprovechamiento de una fisura en rocas (remolineras), un hueco en paredes de tosca (bandurritas), o la utilización de un viejo nido de otros furnáridos (coluditos), hasta los elaborados nidos de palitos con formas diferentes, a menudo espinosos, de pijuíes, espineros y canasteros, o el del Cacholote Castaño, el mayor, con un 1,50 m de largo. Algunos elaboran sus viviendas con materia vegetal suave, como el Junquero, hasta llegar a la más alta expresión arquitectónica entre los pájaros del mundo, el nido de Hornero, de adobe y casi indestructible.
Los huevos, entre dos y cinco, son blancos. Pero existen tres singulares excepciones, las del Junquero, la Pajonalera Pico Curvo y la Bandurrita Chaqueña, cuyos huevos verde turquesa son verdaderas gemas.

Behaviour

These birds are seen either solitary or in couples. Some of them move about in groups (miners). Rainforest species flock in winter (such as the Buff-browed Foliage-gleaner). They are sedentary and fly low and weakly, so migrations are not common among them. They opt for the ground or low bushes, and in the event of danger some will run rather than fly (such as Common Miner). Bush dwellers are detected by their call (for instance, the spinetails), which is long and strident, and many species, including the Rufous Hornero, sing in a duet. Even though they are insectivorous, their eating habits vary from one species to another. Their diet includes larvae, worms, small spiders, insects, sometimes berries and other fruit, and there are those which, like the Rufous Hornero, do not spurn human food leftovers.
Nest-building is their most interesting aspect. Furnarids have found different answers for the problem of caring for their eggs. They consistently build 'enclosed' nests, but each of the 74 genera of this family applies a different solution. Some take advantage of a crack in the rocks (cinclodes), a hole in tuff walls (earthcreepers) or make use of an old nest belonging to other furnariids (tit-spinetails). Some build elaborate nests of different shapes made from (sometimes thorny) sticks (thornbirds and canasteros). The nest of the Brown Cachalote, which is the largest of all, can be 60"" long. Some of these birds build their nests with soft plant material, like the Wren-like Rushbird. And then, the highest architectural expression among all birds worldwide is the Rufous Hornero's nest, made of indestructible adobe.
The eggs can range in number from two to five. They are white, with three exceptions: the Wren-like Rushbird, the Curve-billed Reedhaunter and the Chaco Earthcreeper lay turquoise green eggs which are true gems.

Izquierda: Hornero - *Furnarius rufus* - *Rufous Hornero: Left.*
Abajo izquierda: Caminera Colorada - *Geositta rufipennis* - *Rufous-banded Miner: Below left.*
Abajo derecha: Caminera Común - *Geositta cunicularia* - *Common Miner: Below right.*

Arriba: Chotoy - *Schoeniophylax phryganophila* - *Chotoy Spinetail: Above.*
Abajo izquierda: Pajonalera Pico Curvo - *Limnornis curvirostris* - *Curve-billed Reedhaunter: Below left.*
Abajo derecha: Canastero Chaqueño - *Asthenes baeri* - *Short-billed Canastero: Below right.*

Hornero con leucismo parcial - *Furnarius rufus*
A leucistic Rufous Hornero.

Curiosamente, toda la parte inferior es blanca.

Curiously, the lower parts are white.

Arriba: Hornerito Copetón - *Furnarius cristatus* - *Crested Hornero: Above.*

El Hornero, nuestro pájaro nacional, tiene un poco conocido y cercano pariente, el Hornerito Copetón, que también construye un hornito de adobe, similar pero de menor tamaño.

The Rufous Hornero, Argentine National Bird, has a little-known close relative: the Crested Hornero which also builds a similar mud "oven", although it is a little smaller.

Derecha: Leñatero
Anumbius annumbis
Firewood Gatherer: Right.

En los postes telefónicos o en árboles, a la vera de caminos rurales, suelen verse unas construcciones de palitos: son los nidos del abundante Leñatero.

Large twig constructions are often seen on telephone posts and trees lining country roads: these are the nests of the abundant Firewood-gatherer.

Familia FORMICARIIDAE

Batarás, chocas, tiluchis, chororós, tovacas, chululúes. 23 especies en la Argentina, 272 en total. Sólo en América.
Antbirds: 23 species in Argentina, 272 in total. Only in the Americas.

Identificación

De aspecto y tamaño variables, su medida va de 9 cm (Tiluchi Enano) hasta 33 (Batará Grande). El pico, importante en la separación de familias, suele ser fuerte, recto, comprimido lateralmente y con gancho en la punta. Existe coloración distinta en machos y hembras. Los batarás poseen cola larga, que es corta a mediana en las chocas. Tovacas y chululés son inconfundibles por la combinación de cola muy corta y patas muy largas.

Identification

They range from 3.5" (Streak-capped Antwren) to 13" (Giant Antshrike). The bill, of importance to separate the families, is usually strong, straight, laterally compressed and hooked at the tip. Males and females differ in colour. The Stripe-backed Antbird, White-shouldered Fire-eye, and Tufted, Giant, Spot-backed, White-bearded and Large-tailed Antshrikes have long tails, which is short to medium-sized in the Plain Antvireo and Variable, Rufous-capped and Barred Antshrikes. Antpittas and antthrushes ha very long legs and very short tail.

Distribución y hábitat

Habitan desde el Norte hasta el centro del país. La mayoría vive en la selva (batarás, tovacas y tiluchis), tanto en las yungas como en la selva paranaense. Algunas especies colonizaron bosques y sabanas (Choca Común, Chororó) sin abandonar su predilección arborícola.

Distribution and Habitat

They inhabit the north and centre of the country. Most live in the rainforest (antshrikes, antwrens and antthrushes) both in the yungas cloud-forest and the Atlantic forest. Some species have colonized other forests and savannas (Variable and Great Antshrikes) without abandoning their preference for trees.

Comportamiento

Viven entre vegetación densa, a menudo, en el suelo, donde se mueven saltando y se los descubre por sus voces estridentes. Las chocas se acercan a los asentamientos humanos y algunas, como la Choca Amarilla, son en extremo confiadas. Es en esos bosques y selvas donde hallan artrópodos e invertebrados diversos que los sustentan. El nombre de "hormigueros", que poseen en común, proviene de que algunas especies siguen a las legiones de hormigas corrección, alimentándose de los animalitos que huyen ante su avance.
Los nidos de las chocas y el del Chororó son traslúcidos y cuelgan entre ramitas. Los batarás los construyen con hojas, también semiesféricos, pero apoyados. Los huevos de los hormigueros poseen pintas o trazos marrón oscuros.

Behaviour

They live among dense vegetation, often on the ground, where they leap about. Their strident calls help to locate them. The Plain Antvireo, and Variable, Rufous-capped and Barred Antshrikes come close to inhabited areas and some, like the Plain Antvireo, are extremely trusting. In these forests they find different invertebrates and arthropods on which they feed. They are named `antbirds´ as some species follow ant legions, eating the bugs that escape these marching armies.
The nest of the Plain Antvireo, Variable, Rufous-capped, Barred and Great Antshrikes are translucent and hang from small branches. The Stripe-backed Antbird, White-shouldered Fire-eye, and Tufted, Giant, Spot-backed, White-bearded and Large-tailed Antshrikes build their nests with leaves and are also semi-spherical, but they have more support. The eggs have dark brown spots or stripes.

Arriba izquierda: Choca Listada macho - *Thamnophilus doliatus* - *Barred Antshrike: Above left.*
Arriba derecha: Choca Listada hembra - *Thamnophilus doliatus* - *Barred Antshrike: Above right.*
Izquierda: Choca Corona Rojiza hembra - *Thamnophilus ruficapillus* - *Rufous-capped Antshrike: Left.*
Abajo izquierda: Choca Corona Rojiza macho - *Thamnophilus ruficapillus* - *Rufous-capped Antshrike: Below left.*
Abajo derecha superior: Chororó - *Taraba major* - *Great Antshrike: Below right top.*
Abajo derecha inferior: Choca Común hembra - *Thamnophilus caerulescens* - *Variable Antshrike: Below right bottom.*

Familia RHINOCRYPTIDAE

Huet-huets, gallitos, churrines y chucaos. 10 especies en la Argentina, 55 en total. Sólo en América.
Tapaculos: 10 species in Argentina, 55 in total. Only in the Americas.

Identificación

Pájaros desde medianos (22 cm, el Huet-huet Común) hasta pequeños (10 cm, los churrines), los caracteriza más su comportamiento que su aspecto. El color varía desde el notable Gallito de Collar hasta el modesto Churrín Plomizo. Poseen cuerpo robusto, alas redondeadas y cabeza grande. El Gallito Copetón, muestra una notable cresta de plumas. El pico es fino, corto y sin gancho en la punta. Algunos poseen cola larga (Gallito Overo) y otros, corta como el Churrín Andino. La erecta postura de la cola es el mejor indicio para su reconocimiento.

Identification

Their size ranges from medium (8.6" for Black-throated Huet-huet) to small (4" for the tapaculos). They are better characterized by their behaviour than by their appearance. Their coloration varies from the striking Olive-crown Crescentchest to the modest Mouse-coloured Tapaculo. They have a sturdy body, round wings and a large head. The Crested Gallito displays a notable feathered crest. The bill is short, thin and lacks a hook at the tip. Some have a long tail (Spotted Bamboowren) and others have a short tail, such as Magellanic Tapaculo. The erect tail is a useful field mark.

Distribución y hábitat

Cuatro especies son endémicas del bosque andino-patagónico (Chucao, Huet-huet). Prefieren la vegetación densa y húmeda aunque el Gallito de Collar frecuenta estepas arbustivas, y arenales el Gallito Arena.

Comportamiento

Residentes y terrícolas, recorren la vegetación baja, y sólo el Gallito Copetón se suele exhibir en lo alto de arbustos. Los cañaverales son sus sitios preferidos. Lo notable es que corren con la cola erecta (salvo el Gallito de Collar, el más aberrante del grupo). Aunque curiosos, no es fácil verlos y su presencia es notada por sus estridentes voces, que se oyen a través de la vegetación. Así, el canto del Chucao, es por cientos de kilómetros, la voz del bosque austral.
Aunque la mayoría pone huevos en cavidades (churrines), otros construyen un nido de paja, globular con entrada lateral (Gallito Copetón). Los huevos son blancos, con la excepción, cuando no, del Gallito de Collar.

Distribution and Habitat

Four species are endemic to the sub-Antarctic forest (Chucao Tapaculo, Black-throated Huet-huet). They prefer wet habitats with dense vegetation, although the Olive-crown Crescentchest is found on bush-covered steppes and the Sandy Gallito, on sandy ground.

Behaviour

They are resident and terrestrial, moving around in low vegetation. Only the Crested Gallito will sometimes shows from the top of bushes. Sugar-cane plantations are their favourite places. They run with erect tails (except for Olive-crowned Crescentchest, the odd one out of the group). Even though they are curious, they are difficult to see and their presence is noticed because of their strident calls, which can be heard through the vegetation. Over many hundreds of miles of sub-Antarctic forest the call of the Chucao Tapaculo is the iconic sound.
Although most lay their eggs in cavities (tapaculos), others build a globular straw nest with a side entrance (Crested Gallito). The eggs are white, the exception being the Olive-crowned Crescentchest, as usual.

Izquierda: Gallito Copetón - *Rhinocrypta lanceolata* - *Crested Gallito: Left.*

Derecha: Chucao
Scelorchilus rubecula
Chucao Tapaculo: Right.

Familia COTINGIDAE

Yacutoros, pájaros campana, cortarramas, raras, etc. 6 especies en la Argentina, 71 en total. Sólo en América.
Contingas: 6 species in Argentina, 71 in total. Only in the Americas.

Identificación

Poseen vestuario colorido y ningún otro carácter externo en común. El Cortarramas y la Rara, en cambio, tienen un pico grueso y fuerte con bordes aserrados.

Identification

They have colourful plumage and no other external feature in common. The White-tipped and Rufous-tailed Plantcutters, in contrast, have a strong thick serrated bill.

Distribución y hábitat

Cuatro especies habitan selvas de Misiones; una, la Rara, vive en el bosque andino-patagónico y el Cortarramas se distribuye por toda el área chaqueña.

Distribution and Habitat

Four species inhabit rainforests in Misiones. One of them, the Rufous-tailed Plantcutter, dwells in the sub-Antarctic forest and the White-tipped Plantcutter is widespread all over the Chaco region.

Arriba izquierda: Yacutoro - *Pyroderus scutatus* - *Red-ruffed Fruit-crow: Above left* (RG).
Arriba derecha: Rara macho - *Phytotoma rara* - *Ruffous-tailed Plantcutter: Above right.*
Izquierda: Pájaro Campana - *Procnias nudicollis* - *Bare-throated Bellbird: Left.*
Abajo izquierda: Cortarramas macho, sin cola - *Phytotoma rutila* - *White-tipped Plantcutter, tail-less: Below left.*
Abajo derecha: Cortarramas hembra - *Phytotoma rutila* - *White-tipped Plantcutter: Below right.*

Comportamiento

Son pájaros pasivos. Sólo se destacan la estridente voz metálica del Pájaro Campana y el mugido inarmónico del enorme Yacutoro, cuyo macho mide 42 cm. Ni el Tesorito ni el Picoagudo tienen vocalizaciones llamativas.
Construyen nidos poco elaborados, que recuerdan los de palomas, pequeños pero durables. Los huevos en general muestran fondo celeste u ocráceo con manchas pardas.
Cortarramas y Rara poseen voz ronca, como balido.
Comen brotes.
El nido semiesférico, chato e irregular, lo ubican oculto, a baja altura. Ponen de dos a cuatro bonitos huevos celestes o verdosos con manchas negruzcas.

Behaviour

These are rather inactive birds. Only the Bare-throated Bellbird's strident metallic call and the enormous Red-ruffed Fruitcrow's moo-like sound stand out. In the case of the latter, the male is 16.5" in size. Neither the Swallow-tailed Cotinga nor the Sharpbill have notable calls. The White-tipped and Rufous-tailed Plantcutters make a rasping sound. They build nests which are not very elaborate and which resemble those of pigeons, small but durable. Eggs are generally light blue or ochre with brownish grey spots. The White-tipped and Rufous-tailed Plantcutters feed on shoots. Their semi-spherical, flat and irregular nest is hidden at low height. They lay between two and four pretty light blue or greenish eggs with blackish spots.

Familia PIPRIDAE

Bailarines. 5 especies en la Argentina, 58 en total. Sólo en América.
Manakins: 5 species in Argentina, 58 in total. Only in the Americas.

Identificación

Rechonchos, de 10 a 14 cm, con cola, alas y pico cortos. Muy coloridos, salvo los Bailarines Verde y Oliváceo. En los Bailarines Azul, Blanco y Naranja, machos y hembras son muy diferentes y estas de tonos verdosos.

Identification

Plump birds whose size ranges from 4" to 5.5". Short bill, tail and legs. Very colourful, except for the Wing-barred Piprites and the Greenish Mourner. In the case of the Blue, White-bearded and Band-tailed Manakins, males and females are very different and the latter are greenish.

Distribución y hábitat

Viven en selvas de Misiones.

Distribution and Habitat

They dwell in rainforests in Misiones.

Comportamiento

Pasivos pero ocultos, se destacan sus voces, en especial, la fuerte y melódica del Bailarín Azul, que supera otras emisiones de la selva. Poseen complicadas ceremonias de cortejo y se alimentan de frutos.
Construyen un nido delicado con forma de casquete esférico, colocado a baja altura. Ponen dos huevos manchados de pardo.

Behaviour

They are inactive and hide. It is their call that stands out, especially the Blue Manakin, which is strong and melodious and louder than other sounds in the rainforest. They have complicated courting rituals and feed on fruit.
They build a delicate nest in the shape of a spherical helmet, placed low. They lay two eggs with brownish grey spots.

Izquierda: Bailarín Blanco - *Manacus manacus* - *White-bearded Manakin: Left.*
Derecha: Bailarín Verde - *Pipitres chloris* - *Wing-barred Manakin: Right.*
Abajo: Bailarín Azul - *Chiroxiphia caudata* - *Swallow-tailed Manakin: Below* (RG).

Familia CINCLIDAE

Mirlos de agua. 1 especie en la Argentina, 5 en el mundo.
Rufous-throated Dipper: 1 species in Argentina, 5 worldwide.

Identificación

Pájaro de unos 14 cm, rechoncho, con alas y cola cortas. Gris oscuro, con banda alar blanca y notable babero canela.

Distribución y hábitat

Bien escaso, vive sólo en arroyos caudalosos de la yunga, en Jujuy, Salta y Tucumán.

Comportamiento

Vuela rasante sobre el agua y se asienta en piedras emergentes.
Construye un nido cerrado, de musgo donde pone varios huevos blancos.
Miembros exóticos de esta familia caminan sobre el lecho de arroyos, debajo del agua.

Identification

This is a plump bird which is about 5.5" in size. Its wings and tail are short. It is dark grey with a white stripe on its wings and its throat is bright cinnamon.

Distribution and Habitat

It is quite scarce. It only lives in fast-flowing yunga streams in the provinces of Jujuy, Salta and Tucumán

Behaviour

It flies low over water and alights on emergent rocks. It builds an enclosed nest made of moss where it lays several white eggs.
Other exotic members of this family are able to walk under water on the stream bed.

Izquierda (RG), arriba izquierda y derecha: Mirlo de Agua - *Cinclus schulzi* - *Rufous-throated Dipper: Left, above left & right.*
Abajo: Río Los Sosa, Selva nubosa, Yungas, Tucumán; donde suele verse el Mirlo de Agua.
Below: Los Sosa river, Yungas cloud forest, Tucumán, where the Rufous-throated Dipper is regularly seen.

Una gran familia

A large family

Familia TYRANNIDAE

Viuditas, monjitas, benteveos, piojitos, gauchos, picos de plata, churrinches, tijeretas, picabueyes, etc. 127 especies en la Argentina, 429 en total. Sólo en América.
Tyrant Flycatchers: 127 species in Argentina, 429 in total. Only in the Americas.

Identificación

Pájaros de tamaño variable, desde 7 cm (Mosqueta Enana) hasta 40 cm, larga cola incluida, en el Yetapá Grande. La diversidad dificulta una generalización. Hay tiránidos de vestuario rojo brillante (Churrinche), de nívea albura (Monjita Blanca), negros (Pico de Plata) y hasta de mimético grisáceo (dormilonas), pasando por el amarillo en lo ventral de los benteveos y de muchos otros.
Patas y alas son largas, pero el carácter identificatorio es el pico, a menudo, fino, con gancho en la punta y finas plumitas (vibrisas) en la base. La cola es larga y llamativa en los yetapás y la Tijereta, y muy corta de la Mosqueta Enana.
El plumaje de los sexos difiere en algunos (Churrinche, Pico de Plata, Sobrepuesto, etc.). Varios poseen plumas coloridas en el centro de la cabeza, que sólo exhiben excitados (Suirirí Real, Picabuey).

Identification

Their variable size ranges from 2.7" (Eared Pygmy-Tyrant) to 16" (Streamer-tailed Tyrant, tail included). Being so diverse it is difficult to generalize. Some members of this family have brilliant red suits (Vermilion Flycatcher), snowy white feathers (White Monjita), black plumage (Spectacled Tyrant) and even mimetic grey (ground-tyrants). Flycatchers, kiskadees and several others have yellow bellies. They have long legs and wings, but their bill that is distinctive, often thin with a hook at the tip and some very thin bristle feathers grow around the base. The tail is long and particular in the Strange-tailed, Cock-tailed, Long-tailed and Streamer-tailed Tyrants and in the Fork-tailed Flycatcher, and very short in the Eared Pygmy-Tyrant. Males and females often differ in plumage (Vermilion Flycatcher, Spectacled Tyrant, Austral Negrito, etc.). Several of these birds have colourful feathers hidden in the crown, which they only display when excited (Tropical Kingbird, Cattle Tyrant).

Arriba: Tijereta alimentando a su joven hijo - *Tyrannus savana* - *Fork-tailed Flycatcher feeding its young son: Above.*
Izquierda: Benteveo Común - *Pitangus sulphuratus* - *Great Kiskadee: Left.*
El Benteveo está parado sobre una osamenta con una larva de mosca en el pico.
The Great Kiskadee is standing on a carcass with a fly maggot in its bill.

Distribución y hábitat

Se distribuyen por todo el país y distintos ambientes. Habitan las estepas andino-patagónicas (gauchos, dormilonas), sabanas y palmares (Monjita Gris), el bosque andino-patagónico (Diucón, Fiofío Silbón), ambientes acuáticos (Tachurí Sietecolores, Doradito Común), sus cercanías (Pico de Plata), áreas rurales (Churrinche, Tijereta), parque urbanos (Benteveo Común, Picabuey), hasta ocupar también los diferentes estratos selváticos (mosquetas, fiofíos). Habrá tiránidos desde el norte hasta Tierra del Fuego y Malvinas (Fiofío Silbón, Cachudito Pico Negro).

Distribution and Habitat

They are found all over the country and in different habitats. They dwell in the sub-Antarctic steppes (shrike-tyrants, ground-tyrants), savannas and palm groves (Grey Monjita), the sub-Antarctic forest (Fire-eyed Diucon, White-crested Elaenia), aquatic habitats (Many-coloured Rush-Tyrant, Warbling Doradito), close to water (Spectacled Tyrant), rural countryside (Vermilion Flycatcher, Fork-tailed Flycatcher), urban parks (Great Kiskadee, Cattle Tyrant), and they also live in different rainforest layers (flycatchers, elaenias). Some find abode from the north of the country down to Tierra del Fuego and the Malvinas (Falkland) Islands (White-crested Elaenia, Tufted Tit-Tyrant).

Comportamiento

La heterogeneidad de esta familia, la mayor de América, alcanza a sus hábitos. El más generalizado es el vuelo elástico, especie de salto en procura de insectos, para regresar al punto de partida. Entre quienes lo practican están el Churrinche y el Pico de Plata. Varios son terrícolas como las dormilonas y el Picabuey, que captura insectos en rápidas carreritas. La mayoría vive en árboles, donde algunos se exhiben en sus copas (Suirirí Real), se ocultan en su interior (Mosqueta Ojo Dorado), o recorren su periferia (Piojito Común). Los que frecuentan bañados, se disimulan entre la vegetación acuática, o caminan o vuelan por sus cercanías (Suirirí Amarillo, Lavandera, Viudita Blanca). Algunas pocas especies se sostienen en un mismo punto del aire (halconeo) en espera de algún insecto o pez. Y el rey, tanto de este como de muchos otros comportamientos, es el agresivo Benteveo Común. Aunque en agresividad lo superan la Tijereta, el Suirirí Real y otros, que persiguen aves grandes como chimangos o caranchos. Los hay también muy pasivos, como los burlistos, o confiados en extremo, como el Tuquito Gris, o los que cazan con armoniosas acrobacias, como el Birro Común.
Las voces son desde estridentes, en el Benteveo Rayado o el Pitanguá, hasta suaves y melódicas, en la Mosqueta Estriada. Algunos cantan a dúo (Calandrita) y otros usan voces diferentes al amanecer (burlistos). Las diferentes emisiones son útiles en la identificación, sobre todo, de pequeños y ocultos tiránidos de selva.

Behaviour

The heterogeneous nature of this family, the largest in the Americas, also applies to their habits. Perhaps the most common feature is the way in which they fly: a leap to hunt down an insect, returning to their perch. The Vermilion Flycatcher and the Spectacled Tyrant are among the ones that do this.
Several are terrestrial (ground-tyrants, Cattle Tyrant catching insects with a short sprint). Most live on trees and display their crowns (Tropical Kingbird), hide (Pearly-vented Tody-Tyrant) or move about (White-crested Tyrannulet). Wetlands birds blend in with the vegetation and explore lagoons (Yellow-browed Tyrant, White-headed Marsh-Tyrant, Black-backed Water-tyrant). Some hover, waiting for insects or fish. The aggressive Great Kiskadee is often seen doing this. The Fork-tailed Flycatcher, Tropical Kingbird and others can also be aggressive, chasing away large birds such as Caracaras. Some are very inactive (Myarchus flycatchers), or extremely trusting (Crowned Slaty-Flycatcher). Some hunt with aesthetic acrobatics (Cliff Flycatcher).
Their calls vary from strident (such as Streaked or Boat-billed Flycatchers), to soft and melodious, (Bran-coloured Flycatcher). Some sing in a duet (Greater Wagtail-Tyrant) and others use different dawn calls (Myarchus). The different pitches prove useful for identifying, especially small rainforest-dwelling species which remain hidden.
The Vermilion Flycatcher, Forked-tailed Flycatcher and Tropical Kingbird migrate north in winter to far-away countries.

Arriba izquierda: Yetapá Negro - *Colonia colonus*
Long-tailed Tyrant: Above left.
Arriba derecha: Dormilona Gris - *Muscisaxicola rufivertex*
Rufous-naped Ground-Tyrant: Above right.
Izquierda: Yetapá de Collar hembra - *Alectrurus risora*
Strange-tailed Tyrant: Left.

En la página siguiente (*next page*)
Arriba: Yetapá de Collar macho - *Alectrurus risora*
Strange-tailed Tyrant: Above.
Abajo izquierda: Tueré Chico macho - *Tityra inquisitor*
Black-crowned Tityra: Below left.
Abajo derecha: Tueré Chico hembra - *Tityra inquisitor*
Black-crowned Tityra: Below right.

El Churrinche, la Tijereta y el Suirirí Real huyen en invierno hacia el Norte, incluso a lejanos países. Otros (Monjita Chocolate, Gaucho Común) se reproducen en la Patagonia y visitan áreas templadas en invierno, cuando lo abandonan el Churrinche y otros.
Aunque son insectívoros, no desdeñan frutitos (Fiofío Pico Corto) y algunos Gauchos se alimentan también de pájaros y mamíferos o reptiles pequeños.
Tampoco vale generalizar en cuanto a nidos. Algunos nidifican en huecos (Monjita Blanca, Gaucho Serrano, Yetapá Negro, Birro Común, Suirirí Silbón, Benteveo Rayado, etc.). Nidos cerrados, elaborados de materia vegetal, son realizados por el Benteveo Común, la Lavandera, la Viudita Blanca, la Mosqueta Común y muchos tiránidos de la selva entre los que hay verdaderas obras de arte como la de la Mosqueta Ojo Dorado. Y hay como el Tuquito Chico, que piratea nidos de boyeros.
Un modelo abundante entre los tiránidos es una semiesfera de materia vegetal suave, algodonosa y recubierta de musgo o líquenes (fiofíos, suiriris, piojitos). Y por fin dos excepciones: el nido de barro de la Viudita de Río y la elegante copita del Tachurí Sietecolores, abrazada a un junco. Los huevos varían desde el blancuzco inmaculado del Doradito Común, al muy manchado del Picabuey.

Others (Chocolate-vented Tyrant, Grey-bellied Shrike-Tyrant) breed in Patagonia and visit temperate areas in winter.
Even though they are insectivorous, they do not spurn small fruit (Small-billed Elaenia) and some shrike-tyrants even feed on birds, mammals or small reptiles.
It is not worth generalizing about nest-building either. Some of them nest in holes (White Monjita, Black-billed Shrike-Tyrant, Long-tailed Tyrant, Cliff Flycatcher, Sirystes, Streaked Flycatcher, etc.). The Great Kiskadee, White-headed Marsh-Tyrant, Black-backed Water-Tyrant, Mottled-cheeked Tyrannulet and many other rainforest tyrants build enclosed nests made of plant material. Among such nests are some real masterpieces (Pearly-vented Tody-Tyrant). And some (Piratic Flycatcher) take nests built by caciques. An often-used nest design among this family is a cottony semi-sphere made of soft plant material covered with moss or lichen (elaenias; Yellow-browed Tyrant, Suiriri Flycatcher, Southern Scrub-Flycatcher, Eastern and Tropical Kingbirds, and Sirystes, as well as White-crested, Buff-banded, White-throated, Sooty, Mouse-coloured, and other Tyrannulets). Finally two exceptions: the mud nest of the Black Phoebe and the elegant small cup of the Many-coloured Rush-Tyrant, supported by a single reed.
Egg colours range from immaculate whitish (Warbling Doradito) to the very spotted egg laid by the Cattle Tyrant.

Monjita Gris - *Xolmis cinerea* - *Gray Monjita.*

Monjita Blanca - *Xolmis irupero* - *White Monjita.*

Tachurí Sietecolores - *Tachuris rubrigastra* - *Many-colored Rush-Tyrant.*

Picabuey - *Machetornis rixosus* - *Cattle Tyrant.*

Piojito Gris - *Serpophaga nigricans* - *Sooty Tyrannulet.*

Piojito Gargantilla - *Mecocerculus leucophrys* - *White-throated Tyrannulet.*

Sobrepuesto macho - *Lessonia rufa* - *Rufous-backed Negrito.*

Sobrepuesto hembra - *Lessonia rufa* - *Rufous-backed Negrito.*

Izquierda y abajo: Suirirí Real - *Tyrannus melancholicus*
Tropical Kingbird: Left & below.

Como parte del cortejo que antecede a la cópula, el Suirirí Real ofrece alimento a la hembra. Estos pájaros crían en nuestra primavera y nos abandonan en invierno en busca de las tierras cálidas del Norte.

As part of courting before they mate, this Tropical Kingbird offers the female some food. These birds breed during our spring and abandon in the winter in search of warmer weather further north.

Su destino es siempre volar
Flying is their eternal destiny

Familia HIRUNDINIDAE

Golondrinas. 15 especies en la Argentina, 83 en el mundo.
Swallows: 15 species in Argentina, 83 worldwide.

Identificación

Pájaros de entre 11 y 18 cm, uniformes en forma y colorido, con pico y patas muy cortos y alas largas y agudas. Vuelo ágil, rápido con mucho planeo. Ocho de ellas combinan blanco y negro en su plumaje y una es negra. Hay con el mismo patrón (dorso oscuro, inferior blanco), pero con marrón en vez de negro (Golondrinas Parda, Andina y Zapadora) y algunas con un toque rojizo o canela (Golondrinas Ribereña, Cabeza Rojiza, Rabadilla Canela y Tijerita). Esta última y la Golondrina de Collar poseen largas plumas en la cola.

Identification

Swallows range in size from 4.3" to 7" in and are uniform in colour and shape. Their bill and legs are very short and their wings are long and pointed. They fly fast and with agility, gliding much. Eight of them are black and white and one is all black. Some swallows have dark back and white underparts, or the black area replaced by brown (Brown-chested Martin, Sand Martin, and the Andean Swallow). Some have a touch of cinnamon or reddish (Southern Rough-winged, Tawny-headed, Cliff and Barn Swallows). The latter and Black-collared Swallow have long feathers on their tail.

Distribución y hábitat

Predominan en el Norte (Golondrina Ala Blanca, Golondrina de Collar), pero las hay típicas del Sur (Golondrina Patagónica).

Distribution and Habitat

They are mostly found in the north (White-winged and Black-collared Swallows), but some are also typical of the south of the country (Chilean Swallow).

Comportamiento

Muy sociables, varias realizan grandes migraciones (Golondrinas Rabadilla Canela, Tijerita) y ninguna es residente. Beben rozando el agua.
De las especies de nuestro país, sólo cuatro no nidifican aquí: las Golondrinas Púrpura, la Zapadora y las Golondrinas Tijerita y Rabadilla Canela, pero de estas dos se han detectado nidos de barro en la provincia de Buenos Aires. Todas las otras ocupan huecos, aunque la Golondrina Parda, sólo nidos de Hornero en desuso. Las especies nativas ponen cuatro a cinco alargados huevos blancos. En las Golondrinas Tijerita y Rabadilla Canela, los huevos poseen pintas.

Behaviour

They are very sociable and many of them migrate long distances (Cliff and Barn Swallows) and none are residing species. They drink by skimming the water.
Only four Argentine species do not nest in Argentina: Sand and Purple Martins, and Barn and Cliff Swallows, but nests made of mud belonging to these last two have been found in Buenos Aires province. All others nest in holes, although Brown-chested Martin only occupies abandoned Rufous Hornero nests. The native species lay between four and five long white eggs. The Barn and Cliff Swallows lay spotted eggs.

Arriba izquierda: Golondrina Negra macho - *Progne modesta* - *Southern Martin: Above left.*
Arriba derecha: Golondrina Barranquera - *Notiochelidon cyanoleuca* - *Blue and white Swallow: Above right.*
Izquierda: Golondrina Tijerita - *Hirundo rustica* - *Barn Swllow: Left.*
Abajo izquierda: Golondrina Ribereña - *Stelgidopteryx ruficollis* - *Southern Rough-winged Swallow: Below left.*
Abajo derecha: Golondrina Doméstica - *Progne chalybea* - *Gray-breasted Martin: Below right.*

Familia CORVIDAE

Urracas. 3 especies en la Argentina, 118 en el mundo.
Jays: 3 species in Argentina, 118 worldwide.

Identificación

Pájaros de más de 30 cm, con larga cola y pico robusto. Plumaje vistoso con predominio de azul. La más bonita es la Urraca Común o paraguaya, con toques de celeste y amarillo.

Identification

These birds are more than 12" in size and have a long tail and a sturdy bill. Their plumage is colourful, with blue as the prevailing colour. The prettiest is the Plush-crested Jay, having some light blue and yellow.

Distribución y hábitat

La Urraca Azul se restringe a Misiones y cercanías, la Morada al Norte y Nordeste del país, y la Común alcanza Entre Ríos, donde habita selvas y bosques.

Distribution and Habitat

The Azure Jay is confined to Misiones, the Purplish Jay is found in the north and northeast of the country and the Plush-crested Jay dwells in forests and rainforests.

Comportamiento

Ruidosas y audaces, poseen voces variadas e imitan. El nido es una plataforma desprolija, oculta, de palitos y otras materias vegetales. Los huevos son muy manchados.

Behaviour

They noisy and daring birds have a variety of calls and often mimic. Their nest is a hidden untidy platform made of sticks and other plant material. Their eggs are very spotted.

Arriba: Urraca Común - *Cyanocorax chrysops* - *Plush-crested Jay: Above.*
Izquierda: Urraca Azul - *Cyanocorax caeruleus* - *Azure Jay: Left.*
Abajo: Urraca Morada - *Cyanocorax cyanomelas* - *Purplish Jay: Below.*

Familia TROGLODYTIDAE

Ratonas. 5 especies en la Argentina, 85 en el mundo.
Wrens: 5 species in Argentina, 85 worldwide.

Identificación

Tres de ellas, las Ratonas Común, Aperdizada y Ceja Blanca, miden 9 o 10 cm y se parecen entre sí. Las otras dos (Angú y Ratona Grande) difieren mucho de aquellas y también entre sí, miden 19 o 20 cm, y poseen hábitats muy distintos.
De las pequeñas, la más conocida es la Ratona Común, que merodea viviendas y tiene modesto plumaje marrón. La Ratona Ceja Blanca difiere además del hábitat, por poseer una notable ceja. La Aperdizada es ocrácea con visibles estrías negras en lo superior

Identification

Three of them, the House, Sedge and Mountain Wrens, are 3.5" to 4" in size and all look alike. The other two (the Donacobius and the Thrush-like Wren) are very different from them and also from each other. They are 7" to 8" in size, and dwell in very different habitats. Among the small ones, the most well-known is the House Wren, which prowls around homes and has modest brown plumage. The Mountain Wren is different not only in habitat but also because of a striking white brow. The Sedge Wren is ochre with visible black streaks on the upperparts.

Distribución y hábitat

Las Ratonas Común y Aperdizada viven en todo el país, incluso en las Malvinas, pero la Aperdizada es mucho más escasa y habita pajonales no lejos del agua. La Ratona Ceja Blanca se halla sólo en la yunga, el Angú en bañados del nordeste y la Grande, poco común en la Argentina, sólo en palmares del nordeste.

Distribution and Habitat

The House and Sedge Wrens can be found all over the country, even on the Malvinas (Falkland) Islands, but the latter, scarcer, inhabits scrubland near the water. The Mountain Wren can only be found in the yungas cloudforest, the Donacobius dwells in wetlands in the northeast, and the Thrush-like Wren, is only found in palm groves in the northeast.

Comportamiento

Las cinco poseen voces notables, pero la Ratona Común y la Aperdizada parecen más dotadas. Las dos suelen elevar la cola y la última la vuelca sobre el lomo.
La Común acolcha el nido con abundantes plumitas y pone cinco huevos muy manchados de rojizo, en cualquier hueco natural o artificial. La Aperdizada, en cambio, lo construye cerrado, en el centro de una mata, y pone huevos blancos.

Behaviour

The five birds have notable calls, but the House and Sedge Wrens seem to be the most gifted. They both raise their tail, and the latter places it over its back.
The House Wren pads its nest with many small feathers and lays five eggs with many reddish spots in any natural or artificial cavity. By contrast, the Sedge Wren builds an enclosed nest in the middle of a bush and lays white eggs.

Arriba izquierda, derecha y abajo: Ratona Común - *Troglodytes aedon* - *House Wren: Above left, right & below.*
Izquierda: Angú - *Donacobius atricapillus* - *Black-capped Donacobius: Left.*

Familia MIMIDAE

Calandrias. 5 especies en la Argentina, 34 en total. Sólo en América.
Mockingbirds: 5 species in Argentina, 34 in total. Only in the Americas.

Identificación

Se parecen entre sí y miden entre 20 y 25 cm. Todas son esbeltas, de cola larga y alas redondeadas, pico fino, algo curvo y dorso pardo o castaño, estriado sólo en la Calandria Grande. La Calandria Real se parece a la Castaña, pero es más llamativa por el contraste de blanco y negro en alas y cola. Tienen ceja blanca, que es menos notable en la Calandria Patagónica.

Distribución y hábitat

Ocupan todo el territorio argentino, aunque la Calandria Castaña está restringida al Noroeste. Viven en sabanas y estepas, pero la Calandria Grande, la más común, también habita áreas rurales y poblados.

Identification

They look alike and are 8" to 10" in size. All are slender, with a long tail and rounded wings. Their bill is slender and slightly curved, back brownish grey or chestnut, and streaked only in the Chalk-browed Mockingbird. The White-banded Mockingbird is similar to the Brown-backed Mockingbird, but is more striking due to contrasting black and white tail and wings. All have a white brow, less noticeable in the Patagonian Mockingbird.

Distribution and Habitat

They can be found all over the country, although the Brown-backed Mockingbird dwells in the northwest. They live in savannas and steppes, but the Chalk-browed Mockingbird, also dwells in rural areas and towns.

Comportamiento

Andan por el suelo o sobre matas, y la Grande, suele llevar la cola semierecta. Pero la mayor virtud es el canto, agradable y variado, al que agregan silbos. Además imitan voces de otras aves y también de mamíferos. De allí el nombre de la familia, reflejo de su habilidad de mimos. Se alimentan de insectos, gusanos y bayas.
En los nidos hay uniformidad. Los construyen semiesféricos, de palitos o espinas, bien ocultos en matas, y ponen tres o cuatro huevos, de fondo celeste con manchitas pardas.

Behaviour

Seen on the ground or on bushes. The Chalk-browed Mockingbird tail is often raised. Singing is their greatest virtue, attractive and varied, interspersed with whistles. They also imitate the calls of other birds and other sounds, and this gives the family its name, reflecting their ability to mime. They feed on insects, worms and berries. Nests are uniform, semi-spherical, made of sticks or thorns, and are well hidden in bushes. These birds lay three or four light blue eggs with small brownish grey spots.

Izquierda: Calandria Real - *Mimus triurus*
White-banded Mockingbird: Left.
Derecha y abajo derecha: Calandria Grande
Mimus saturninus
Chalk-Browed Mockingbird: Right & below right.
Abajo izquierda: Calandria Mora
Mimus patagonicus
Patagonian Mockinbird: Below left (RG).

Familia TURDIDAE

Zorzales. 10 especies en la Argentina, 336 en el mundo.
Thrushes: 10 species in Argentina, 336 worldwide.

Identificación

Pájaros cuyo tamaño oscila entre 16 y 25 cm. Balancean la cola. Poseen característica garganta estriada. Lo inferior es blancuzco en el Zorzal Chalchalero, rojizo en el Colorado, canela en el Patagónico, gris en el Plomizo y negruzco en el Chiguanco. El más llamativo es el Zorzal Patagónico, con cabeza y colas negras y pico y patas anaranjados.

Identification

From 6" to 10" in size. They flick their tail and have a distinctive streaked throat. Underparts are whitish in the Creamy-bellied Thrush, reddish in the Rufous-bellied Thrush, cinnamon in the Austral Thrush, grey in the Slaty Thrush and blackish in the Chiguanco Thrush. The most striking is the Austral Thrush: the head and tail are black and bill and legs are orange.

Distribución y hábitat

Aunque se hallan zorzales en todo el país, el grupo es más bien selvático y norteño, aunque es notable la expansión de varios de ellos. Tal es el avance hacia el Sur del Zorzal Colorado, y hacia el Norte del Patagónico, que por otra parte vive también en Tierra del Fuego e Islas Malvinas. El Zorzal Sabiá es característico de Misiones. El Chiguanco, se extiende por el centro y Noroeste. El Zorzal Negro vive oculto en las Yungas, como el Zorzalito Overo. El Plomizo y el Collar Blanco tienen dos razas cada uno, en el Este y el Oeste. Por fin, el Zorzalito Boreal migra desde el hemisferio norte.

Distribution and Habitat

Found throughout the country, but more associated with northern forests, although some are evidently spreading. The Rufous-bellied Thrush, for instance, has progressed south and the Austral Thrush northwards; the latter also lives in Tierra del Fuego and the Malvinas (Falkland) Islands. The Pale-breasted Thrush is typical of Misiones. The Chiguanco Thrush can be found in the centre and northwest. The Glossy-back Thrush hides in the yungas, as Spotted Nightingale-thrush. The Slaty and White-throated Thrushes each have two subspecies, in the east and the west. Finally, Swainson's Thrush migrates from the northern hemisphere.

Comportamiento

Prefieren ocultarse y, a falta de arbustos, eligen lugares sombríos. No imitan como las calandrias, pero poseen cantos tan melodiosos que a Carlos Gardel, el paradigma de la canción, se lo apoda el "Zorzal Criollo".
El Zorzal Colorado, que ha proliferado en la ciudad de Buenos Aires, nos despierta con sus notas matinales, recordando la llegada de la primavera.
Se alimentan de gusanos, larvas y orugas, que encuentran enterrados.
Ponen tres o cuatro huevos celestes con manchas pardas, más coloridos que los de calandria. El nido, también semiesférico, es de materia vegetal mezclada con barro.

Behaviour

They prefer to remain in hiding and, in absence of bushes, they choose shaded places. They do not imitate sounds, like mockingbirds, but they sing so melodiously that even Carlos Gardel, a famous tango singer, was referred to as the 'Creole thrush'. The Rufous-bellied Thrush, which has proliferated in the City of Buenos Aires, awakes us early announcing that spring has arrived.
They feed on worms, larvae and caterpillars, which they pluck from the ground.
They lay three or four light blue eggs with brownish grey spots. Their nest, which is also semi-spherical, is made of plant material mixed with mud.

Arriba izquierda: Zorzal Chiguanco - *Turdus chiguanco* - *Chiguanco Thrush: Above left.*
Arriba derecha: Zorzal Colorado - *Turdus rufiventris* - *Rufous-bellied Thrush: Above right.*
Izquierda: Zorzalito Boreal - *Catharus ustulatus* - *Swainson's Thrush: Left.*
Abajo: Zorzal Colorado albino, una extraña joya natural - *Turdus rufiventris*
An albino Rufous-bellied Thrush, a rare natural jewel: Below.

Familia MOTACILLIDAE

Cachirlas. 8 especies en la Argentina, 65 en el mundo.
Pipits. 8 species in Argentina, 65 worldwide.

Identificación

Pájaros parecidos entre sí (todo un desafío para el observador) que miden entre 12 cm (Cachira Chica) hasta 16 cm (Cachirla Grande). Poseen plumaje ocre estriado de negro y cola oscura con borde externo claro. El pico es fino y recto, y la uña del dedo posterior muy larga en casi todas las especies.

Identification

These birds all look very much alike (certainly a challenge for birdwatchers) and their size ranges from 5" (Yellowish Pipit) to 6" (South Georgia Pipit). Their ochre plumage is striated black and a dark tail with pale outer edges. Their bill is thin and straight, and the hind claw is extremely long in almost every species.

Distribución y hábitat

Abarcan el país entero e incluso una, la Cachirla Grande, vive en las Georgias del Sur. Todas habitan áreas abiertas como pastizales o estepas. La Andina disfruta la aridez de la puna, y la Cachirla Dorada prefiere pastizales húmedos.

Distribution and Habitat

They are found nationwide and one of them, the South Georgia Pipit, can be even found on South Georgia and South Sandwich islands. They all inhabit open areas, such as grasslands or steppes. The Paramo Pipit enjoys life on the arid puna, and the Ochre-breasted Pipit prefers wet grasslands.

Izquierda: Cachirla Común - *Anthus correndera* - *Correndera Pipit: Left.*

Derecha: sin oir su canto ni ver su despliegue aéreo no es siempre posible separar una cachirla de otra. En casos así, entre amigos los llamamos "ovnis" y más seriamente, el nombre científico lo escribimos *Anthus sp.* pues conocemos el género y no la especie.

Right: It is not always possible to separate one pipit from another if we cannot hear its call nor watch its aerial display. In such cases we refer to them colloquially as UFO's, and more seriously we put it down as Anthus sp.*, for we know the genus but not the species.*

Abajo izquierda: Cachirla Chica - *Anthus chii* - *Yellowish Pipit: Below left.*
Abajo derecha: Cachirla Grande - *Anthus antarcticus* - *South Georgia Pipit: Below right* (SI).

Comportamiento

Las insectívoras cachirlas son pasivas y confiadas, tal vez por su plumaje pálido que las confunde con el ambiente. A menudo caminan, pero es en los altos y prolongados vuelos de los machos en despliegue nupcial, cuando muestran singularidades que, como sus emisiones vocales, permiten distinguirlas.
Ubican sus tres o cuatro huevos muy manchados, en una leve depresión del suelo, apenas tapizada con pajitas.

Behaviour

These insectivorous birds are passive and trusting, perhaps because of their pale plumage which enables them to blend in with their surroundings. They often walk, but it is during the prolonged and high mating flights that the males display particular features, such as their calls, allowing us to distinguish them.
They lay three or four highly spotted eggs in a shallow depression in the ground which they barely cover with some straw.

Familia POLIOPTILIDAE

Tacuaritas. 2 especies en la Argentina, 12 en el mundo.
Gnatcatchers: 2 species in Argentina, 12 worldwide.

Identificación

Los machos difieren de las hembras por un antifaz o corona negra. Pájaros pequeños (10 a 11 cm), delgados y esbeltos, con pico fino y recto y larga cola que suelen llevar algo erecta.

Identification

The males differ from the females by having a black crown or mask. These are small birds (between 4" and 4.5") which are thin and slender. They have a thin straight bill and a long tail that is often held slightly erect.

Distribución y hábitat

La confiada Tacuarita Azul habita bosques desde el norte al centro del país; la Tacuarita Blanca no se aleja de la selva misionera.

Distribution and Habitat

The trusting Masked Gnatcatcher inhabits forests from the north to the centre of the country; the Creamy-bellied Gnatcatcher is restricted to the Misiones rainforest.

Comportamiento

Arborícolas e insectívoras, recorren acrobáticamente las copas. El canto es agradable y variado e imita otras voces.
Construyen un bonito nido, pequeño y mullido, de materia vegetal, tela de araña y líquenes, en una horqueta. Ponen tres o cuatro huevos celestes con manchitas.

Behaviour

They are tree-dwelling and insectivorous, and move around tree tops acrobatically. Their song is attractive and varied and imitates other bird calls.
They build a pretty small springy nest in the fork of a tree made of plant material, spider webs and lichen. They lay three or four light blue eggs with small spots.

Arriba izquierda: Tacuarita Azul macho - *Polioptila dumicola* - *Masked Gnatcatcher: Above left.*
Arriba derecha: Tacuarita Azul hembra - *Polioptila dumicola* - *Masked Gnatcatcher: Above right.*
Izquierda y abajo: Tacuarita Azul macho, hembra y juvenil - *Polioptila dumicola* - *Masked Gnatcatcher: Left & below.*

Familia VIREONIDAE - PARULIDAE

Familia VIREONIDAE (Chivíes y juan chiviros. 3 especies en la Argentina, 51 en total. Sólo en América).
Familia PARULIDAE (Arañeros y pitiayumíes. 10 especies en la Argentina, 116 en total. Sólo en América).
Family VIREONIDAE (Vireos and pepershrikes. 3 species in Argentina, 51 in total. Only in America)
Family PARULIDAE (Warblers and parulas. 10 species in Argentina, 116 in total. Only in America)

Identificación

Pájaros de dorso verde, que miden desde 11 cm (Chiví Coronado) hasta 15 cm (Juan Chiviro) entre los vireónidos y son aún más uniformes en los parúlidos, con lo inferior del cuerpo amarillo dorado. Además del Chiví Coronado, de cabeza rojiza y del Chiví Común, de larga ceja blanca, entre los vireónidos se destaca el Juan Chiviro, con una combinación de verde, amarillo y rojizo y un extraño pico nacarado.
Los arañeros, de familia Parulidae poseen, además del dorso oliva, finos picos. El agregado de azul, blanco y naranja, distingue al pequeño Pitiayumí, de 9 cm.

Identification

Vireo family members have green on their back, measuring from 4 inches (Rufous-crowned Greenlet) to 6 inches (Rufous-browed Peppershrike). Parulas are even more uniform, having golden-yellow underparts. Some outstanding Vireonids are the Rufous-crowned Greenlet, with its reddish crown, the Red-eyed Vireo with its long white brow, and the Rufous-browed Peppershrike, combining green, yellow and reddish, as well as having an iridescent bill. The warblers of the Parulidae family have olive on their backs and sharp bills. With blue, white and orange added, the tiny Tropical Parula (3.5") is told apart.

Distribución y hábitat

Ambas familias habitan el Norte, pero solo el Chiví Coronado y el Arañero Ribereño se quedan en las selvas del Nordeste y éste no se aleja de los arroyos selváticos. Varios llegan a Córdoba y Buenos Aires, donde frecuentan bosques, como el Pitiayumí, el Chiví Común, el Juan Chiviro y el Arañero Cara Negra, éste no lejos del agua.

Distribution and habitat

Both families are found in the north, but the Rufous-crowned Greenlet and River Warbler are restricted to the forests of the north-west, and the latter never strays from forest streams. A number of them reach Córdoba and Buenos Aires, where they visit forests, such as the Tropical Parula, Red-eyed Vireo, Rufous-browed Peppershrike and Masked Yellowthroat, which is never far from water.

Comportamiento

Son confiados y se los oye más que se los ve. El sonoro canto del Chiví Común es la incansable voz de la selva. En el Juan Chiviro, además de fuerte es melódico, lo que le ha ganado el apelativo de "buen cantor".

Construyen un nido semiesférico en árboles, donde ponen tres o cuatro huevos manchados.

La mayoría de los arañeros se desplaza en forma constante y acrobática. Sus cantos son variados y melodiosos

En los nidos, de materia vegetal en árboles o matorrales, ponen hasta cuatro huevos con manchitas.

Behavior

They are trusting birds that are more often heard than seen. The loud song of the Red-eyed Vireo is the tireless music of the forest. The call of the Rufous-browed Peppershrike is not only potent but also melodious, earning the bird a reputation for its good singing voice.

They build a semi-spherical nest in trees, where they lay 3 or 4 spotted eggs. Most warblers are constantly on the move and doing acrobatics. Their calls are varied and melodious. They lay up to 4 spotted eggs in their nests made of plant material, in trees and shrubs.

Izquierda: Juan Chiviro
Cyclarhis gujanensis
Rufus-browed Peppershrike: Left.
Derecha: Pitiayumí - *Parula pitiayumi*
Tropical Parula: Right.
Abajo izquierda: Arañero Cara Negra
Geothlypis aequinoctialis
Masked Yellowthroat: Below left.
Abajo derecha: Arañero Coronado Chico
Basileuterus culcivorus
Golden-crowned Warbler: Below right.

Familia THRAUPIDAE

Fruteros, tangarás, etc., 32 especies en la Argentina, 257 en total. Sólo en América.
Tanagers and allies: 32 species in Argentina, 257 in total. Only in the Americas.

Identificación

Cuando los sexos son diferentes, las hembras muestran un plumaje menos lucido. Pájaros desde 9 cm (Tangará Común) hasta 27 cm en el Frutero Overo, que semeja una urraca. Muy coloridos (Saíra Arcoiris, Naranjero), hay especies de luctuoso vestuario como el Frutero Negro, o rojos, como el Fueguero Común, (la hembra es verdosa), o azules como el Frutero Azul. Y abundan los amarillos, celestes o verdes en llamativas combinaciones. Poseen picos robustos, pero en los saíres es fino y corto, el del Mielero es largo y curvo, y como el de una golondrina, el de la Tersina.

El confiado Mielero es reconocible, más allá de su pequeño tamaño (10 cm), por su pico fino, largo y curvo. Además, posee una notable ceja blanca, garganta gris y amarillo lo inferior. Pero si esto fuera insuficiente, baste verlo colgarse acrobáticamente de las flores. Para hallar el néctar, perfora las corolas.

Identification

When different, females display less colourful plumage. Sizes range from 3.5" (Purple-throated Euphonia) to 11" (Magpie Tanager, which resembles a jay). They are very colourful (Green-headed Tanager, Blue-and-yellow Tanager) yet some have a mournful dress, such as the White-lined Tanager, or with red plumage, like the Hepatic Tanager (the female of which is greenish), or dressed in blue, like the Diademed Tanager. And colours such as yellow, light blue and green are abundant in striking combinations. These birds have sturdy bills. However, in some these are short and thin (Guira Tanager, Green-headed Tanager). The Bananaquit´s is long and curved, whereas the Swallow Tanager´s looks rather like that of a swallow. Besides its small size (4"), the trusting Bananaquit is recognizable by its long thin curved bill. In addition, it has a white brow, grey throat and yellow underparts. But if this were insufficient, watching it hang from flowers acrobatically should be clue enough. It reaches for the nectar by drilling at the base of the petals.

Distribución y hábitat

Familia más bien tropical, abunda en Misiones. Algunos viven en las yungas (Frutero Yungueño) y otros se extienden hasta Buenos Aires, como el Fueguero Común, el Celestino y el Frutero Azul. Sólo el Naranjero se anima más al Sur invadiendo áreas rurales y poblados. La mayoría permanece fiel a la selva y aunque el Frutero Morado se oculta en matorrales, la mayoría recorre las copas.

Comportamiento

A menudo, componen bandadas invernales que recorren la selva en procura de frutos. Es un deleite la observación de pájaros de tan notable colorido. Casi todas las especies, además de frugívoras, agregan insectos a su dieta.
En algunos casos, los nidos son semiesferas de ramitas tapizadas con materia vegetal suave (Naranjero, Celestino) y en otros son globosos con entrada lateral (Tangará Común). Ponen huevos con manchitas.

Distribution and Habitat

This tropical family is abundant in Misiones. Some live in the yungas (Common Bush-Tanager) and others reach Buenos Aires, like the Hepatic, Sacaya and Diademed Tanagers. Only the Blue-and-yellow Tanager dares venture further south and into rural areas and towns. Most remain faithful to the rainforest and although the Red-crowned Ant-Tanager hides in scrublands, most of them move around about the treetops.

Behaviour

They often form winter flocks that fly about the rainforest in search of fruit. It is a pleasure to watch birds of such attractive colours. Apart from feeding on fruit, almost all add insects to their diet.
In some cases, nests are semi-spherical made of twigs covered with soft plant material (Blue-and-yellow and Sacaya Tanagers). Others are globular with a side entrance (Purple-throated Euphonia). They lay eggs with small spots.

Izquierda y arriba izquierda: Naranjero - *Thraupis bonariensis* - *Blue-and-Yellow Tanager: Left & Above left.*
Arriba derecha: Saíra Arcoiris - *Tangara seledon* - *Green-headed Tanager: Above right.*
Abajo izquierda: Celestino - *Thraupis sayaca* - *Sayaca Tanager: Below left.*
Abajo derecha: Saí Azul - *Dacnis cayana* - *Blue Dacnis: Below right.*

Arriba: Frutero Negro - *Tachyphonus rufus* - *White-lined Tanager: Above.*

Arriba: Frutero Corona Amarilla hembra
Trichothraupis melanops - *Black-goggled Tanager: Above.*

Izquierda: Frutero Negro hembra
Tachyphonus rufus - *White-lined Tanager: Left.*

Derecha: Tangará Alcalde macho
Euphonia pectoralis
Chestnut-bellied Euphonia: Right.

Abajo: Naranjero - *Thraupis bonariensis* - *Blue-and-Yellow Tanager: Below.*

Familia EMBERIZIDAE

Pepiteros, corbatitas, piquitosdeoro, jilgueros, soldaditos, reinamoras, chingolos, mistos, brasitas de fuego, verdones, reyes del bosque, etcétera. 82 especies en la Argentina, 319 en el mundo.
Buntings, seedeaters and allies: 82 species in Argentina, 319 worldwide.

Identificación

Pájaros desde 9 cm (capuchinos) hasta 21 cm (Pepitero Negro). Bien coloridos (Comesebo Cabeza Negra), algunos poseen llamativo copete (Cardenal Amarillo, Cardenal Común, Soldadito). Sus tonos varían desde el amarillo (Jilguero Dorado) al rojo (Brasita de Fuego) pasando por las azuladas Reinamoras. Hay negros (Volatinero), grises (Diuca) y verdosos (Verdón). En muchos casos, las hembras poseen coloración más modesta.
En general, el pico es robusto, corto y cónico, adaptado a su dieta de granos. En algunas especies es notable (Pepitero de Collar, Rey del Bosque).

Identification

They range in size from 3.5" (smaller Seedeaters) to 8" (Black-throated Grosbeak).They are very colourful (Black-hooded Sierra-Finch) and some have an eye-catching crest (Red-crested and Yellow Cardinals, Black-crested Finch). Some are yellow (Saffron Yellow-Finch) or red (Red-crested Finch), some grosbeaks are blue, some black (Blue-black Grassquit), grey (Common Diuca-Finch) and greenish (Great Pampa-Finch). In many cases, the females have more modest colour.
In general, the bill is short, sturdy and cone-shaped, adapted to their grain-based diet. In some species the bill is quite outstanding (Golden-billed Saltator, Black-backed Grosbeak).

Distribución y hábitat

Abundantes en el Norte, pero pocas especies se reducen a Misiones (Pepitero Negro) o a las yungas (Cerquero Amarillo) y hay uno, el abundante Chingolo, que abarca todas las provincias, incluidas las Malvinas. También ocupa los diversos ambientes, desde las áridas estepas altoandinas, hasta sabanas, bosques, áreas rurales y aún ciudades.
Al centro del país llegan especies como el Pepitero de Collar, el Cardenal Común, el Cardenal Amarillo (en franca disminución) y la Cardenilla, lo mismo que Reinamoras, Corbatitas, Piquitos de oro, el Misto (también de amplia distribución), el Jilguero Dorado, el Verdón, etcétera. La Diuca Común, el Yal Negro o el Jilguero Austral han elegido la meseta patagónica, pero son más las especies andinas como los Yales, los Jilgueros Oliváceo, el Cara Gris y Grande, los Comesebos Cabeza Negra, el Puneño, el Patagónico y el Andino. Por último, en la Mesopotamia hallamos algunas especies endémicas como la Monterita Litoraleña, el Cachilo Canela, el Coludito Grande, etc. Cualquiera sea el lugar que recorramos, habrá representantes de este bonito y confiado grupo de pájaros.
Muchas especies son residentes, pero otras realizan desplazamientos, que en el caso de los capuchinos son verdaderas migraciones, pues aparecen en Entre Ríos en primavera, para invernar en Brasil.

Distribution and Habitat

They are abundant in the north, but few species are confined to Misiones (Black-throated Grosbeak) or to the yungas (Yellow-striped Brush-Finch) and there is one, the abundant Rufous-collared Sparrow, which can be found in every province, including the Malvinas (Falkland) Islands. It also lives in different habitats, from the arid High Andean steppes, savannas, forests, rural areas and even cities.
Species such as Golden-billed Saltator, Red-crested and Yellow-billed Cardinals, Yellow Cardinal (decreasing), as well as Grosbeaks, Seedeaters, Grassland Yellow-Finch (also widespread), Saffron Yellow-Finch, Great Pampa-Finch, etc. reach the centre of the country. The Common Diuca-Finch, Mourning Sierra-Finch and Patagonian Yellow-Finch have chosen the Patagonian plateau, but the number of Andean species is greater, including several sierra-finches and yellow-finches. Finally, we find some endemic species in the Mesopotamian region, such as Red-rumped Warbling-Finch, Long-tailed Reed-Finch and Wedge-tailed Grass-Finch. Wherever we visit, there will always be members of this attractive and trusting group of birds.
Many species are resident, but others move from place to place, such as the smaller Seedeaters, all of them migrants that turn up in Entre Ríos during the spring and winter in Brazil.

Izquierda: Cardenal Común - *Paroaria coronata*
Red-crested Cardinal: Left.
Abajo izquierda: Pepitero de Collar - *Saltator aurantiirostris*
Golden-billed Saltator. Below left
Derecha: Pepitero Chico - *Saltatricula multicolor*
Many-colored Chaco-Finch: Right.

Cardenal Amarillo - *Gubernatrix cristata* - *Yellow Cardinal.*

Jilguero Dorado macho - *Sicalis flaveola* - *Saffron Yellow-Finch.*

Corbatita Overo - *Sporophila lineola* - *Lined Seedeater.*

Brasita de Fuego macho - *Coryphospingus cucullatus*
Red-crested Finch.

Cachilo Canela - *Donacospiza albifrons*
Long-tailed Reed-Finch.

Chingolo - *Zonotrichia capensis* - *Rufous-collared Sparrow.*

Comportamiento

Prefieren las semillas, con cierta variación estacional, e incluyen otros alimentos. En invierno suelen formar bandadas. Las del Misto parecen verdaderos enjambres. Estas tendencias gregarias desaparecen en época de cría.
Emiten bonitas frases musicales, razón que induce a los aficionados a encerrar entre rejas cardenales, jilgueros (existen grupos de "jilguereros"), sietevestidos, reinamoras, corbatitas, pepiteros, etc.
Aunque la mayoría prefiere espacios abiertos y sus integrantes andan por el suelo o en expuestas matas, otros como los cerqueros, habitantes de la yunga, se ocultan entre la vegetación densa y los hay que prefieren humedales, como el Verdón o los coludos.
Un caso singular es el del Volatinero, cuyo macho realiza cortos y continuos saltitos desde su atalaya, mientras emite un chirrido, lo que permite reconocerlo aún no viendo su coloración negriblanca.
Los nidos suelen ser semiesferas de materia vegetal, tenues en el caso de corbatitas y capuchinos, bien elaborados en los pepiteros y casi esféricos y cerrados en los espigueros. Algunas especies ponen huevos inmaculados (Jilguero Puneño, Brasita de Fuego o Cachilo Ceja Amarilla) y otras, muy manchados (Jilguero Dorado, Cardenal Común), pero la mayoría pone los suyos con suaves tonos de fondo y algunas manchas. No escapan al parasitismo del Tordo Renegrido y son víctimas habituales el Chingolo, el Verdón, el Jilguero Dorado, etc.
El número de huevos suele ser alto, pero habitualmente varía entre tres y cuatro.

Behaviour

They prefer seeds, according to season, and include other food in their diet. In winter they usually form flocks, with Grassland Yellow-Finches making veritable swarms. This gregarious behaviour disappears during the breeding season.
Their attractive song has resulted in many species being caged as pets, such as cardinals, yellow-finches, Black-and-Rufous Warbling Finch, Seedeaters, etc.
Even though most of them prefer open areas and are either on the ground or in bushes, others, like brush-finches, live in the yunga cloudforest, hiding in the dense vegetation. There are others who prefer wetlands, such as Great Pampa-Finch and Grass-Finches.
A singular case is that of the Blue-black Grassquit, whose male constantly leaps a short distance from its perch, while it produces a creaking sound, allowing it to be located even when we cannot lay our eyes on it.
The nests are usually semi-spherical, made of plant material. Some are very thinly-built, as in the case of most Seedeaters. Or well built, as in the case of saltators, and almost spherical and enclosed in the case of the Dull-coloured Grassquit. Some species lay immaculate white eggs (Puna Yellow-Finch, Red-crested Finch or Grassland Sparrow) and others, very spotted ones (Saffron Yellow-Finch, Red-crested Cardinal), but the majority are pale with a little speckling. They are victims of the Shiny Cowbird brood parasitism, in particular Rufous-collared Sparrow, Great Pampa-Finch and Saffron Yellow-Finch.
The number of eggs is sometimes high, but it generally ranges from three to four.

Izquierda: Yal Negro hembra
Phrygilus fruticeti
Mourning Sierra-Finch: Left.

Familia FRINGILLIDAE

Negrillos, cabecitanegras, verderones, etc., 7 especies en la Argentina, 150 en el mundo.
Siskins, goldfinches, greenfinches: 7 species in Argentina, 150 worldwide.

Identificación

Grupo homogéneo de pájaros pequeños (entre 12 y 14 cm), con pico corto y agudo y banda alar amarilla, notable en vuelo y visible aún con el ala plegada. La cola, furcada, posee la base amarilla, blancuzca sólo en el Cardelino.
Los machos combinan negro y amarillo en un degradé que comienza en el azabache del Negrillo, sigue por el Cabecitanegra Andino, continúa con el Común y el Picudo, va culminando en el Austral, que sólo muestra una boina negra, y termina en el Verderón, sin negro en la cabeza. El Cardelino posee una inconfundible combinación de rojo, blanco y negro en su cara y corona.

Identification

It is a homogeneous group of small birds (whose size is between 4.7" and 5.5"). They have a short pointed bill and a yellow stripe on their wings, which is evident as they fly and is even visible when their wings are folded. Their forked tail has a yellow base, which is whitish only in the case of the European Goldfinch. The males combine black and yellow in a gradation which starts with the jet black present in the Black Siskin, follows with the Yellow-rumped, Hooded and Thick-billed Siskins,. The Black-chinned Siskin only shows a black beret, and finally the European Greenfinch has no black at all on its head, but an unmistakable combination of red, black and white on its face and crown.

Distribución y hábitat

Se distribuyen en áreas andinas (Negrillo, Cabecitanegra Picudo y Andino) y sólo el Común ocupa ambientes rurales y aun poblados, desde el norte hasta la Patagonia, donde deja su lugar al Cabecitanegra Austral. Tanto el Verderón como el Cardelino son especies europeas, introducidas en la Argentina y que, al parecer, no han excedido el límite de la provincia de Buenos Aires.

Comportamiento

Pájaros sociables, comunes en bandadas invernales, suelen hacer oír sus delicadas notas aún en conjunto.
Se alimentan de semillas, que extraen en acrobáticas posturas. Sus bonitos colores y voces, unidos a su condición de semilleros, los han convertido en piezas apetecidas por quienes enjaulan pájaros. Esto sucede en especial con el Cabecitanegra Común, que paga con enorme mortandad esta tan extendida como injusta afición.
Elaboran un compacto nido de pajitas, lana y crines, en árboles, incluso exóticos para el Cabecitanegra Común. Ponen tres a cuatro huevos de fondo verdoso con manchitas pardas.

Distribution and Habitat

They are found in Andean areas (Black, Thick-billed and Yellow-rumped Siskins) and only the Hooded Siskin dwells in rural habitats and even towns, from the north of the country to Patagonia, where its place is taken by the Black-chinned Siskin. Both the European Greenfinch and The European Goldfinch are European species introduced into Argentina and which, seemingly, have not gone beyond the boundaries of the province of Buenos Aires.

Behaviour

They are sociable birds which usually form winter flocks. Their delicate notes are often heard from a chorus of birds.
They feed on seeds, which they reach by means of acrobatics. Their diet and pretty colours and song has turned them into sought-after species by those who take to locking birds in cages. This is especially true for the Hooded Siskin, which pays the price of heavy mortality resulting from this widespread and unfair "sport". They build a compact nest made of small straws, wool and horsehairs on trees, even those that are exotic for the Hooded Siskin. They lay between three and four greenish eggs with small brownish grey spots.

Izquierda: Cabecitanegra Común - *Carduelis magellanica* - *Hooded Siskin: Left.*
Abajo izquierda superior: Cabecitanegra Común hembra - *Carduelis magellanica* - *Hooded Siskin: Below left top.*
Abajo derecha: Cabecitanegra Austral hembra - *Carduelis barbata* - *Black-chinned Siskin: Below left bottom.*
Abajo izquierda inferior: Cardelino o jilguero español - *Carduelis carduelis* - *European Goldfinch: Below right.*

Familia ICTERIDAE

Boyeros, tordos, pecho amarillos, pecho colorados, federales, charlatanes, chopíes, etc., 23 especies en la Argentina, 88 en total. Sólo en América.
Troupials and allies: 23 species in Argentina, 88 in total. Only in the Americas.

Identificación

Pájaros desde el Charlatán y el Pecho Colorado, con 15 cm, hasta el macho del Yapú, con 40 cm. El nombre de la familia sugiere un plumaje amarillo, pero en nuestro país predomina el negro (boyeros, tordos, varilleros). El pico es cónico, recto y agudo, largo en los boyeros, pecho amarillos y loicas, y corto en los tordos (uno denominado "Pico Corto"), en los varilleros y en el Pecho Colorado. Varios poseen toques de rojo (Loicas y Pechos Colorados), otros de anaranjado (Federal, Matico) y varios de amarillo (Yapú, Tordo Amarillo). Si bien en los tordos, varilleros, etc., la hembra posee plumaje menos notable, es característica del grupo la belleza del vestuario, pues hasta el negro del abundante Tordo Renegrido muestra, al sol, un brillo violáceo.

Identification

Their size ranges from 6" (Bobolink and White-browed Blackbird) to 16" for the male of the Crested Oropendola. The name of the family suggests these birds are yellow, but black is the predominant colour in our country (caciques, cowbirds and blackbirds). The bill is straight and chisel-shaped; it is long in the caciques, marshbirds and meadowlarks, and short in the cowbirds. Several have a touch of red (meadowlarks and White-browed Blackbird), orange (Scarlet-headed Blackbird, Orange-backed Troupial) or yellow (Crested Oropendola, Saffron-cowled Blackbird). Even though the female of cowbirds and blackbirds is less striking, their beautiful garment is a particular feature of the group, since even the black of the abundant Shiny Cowbird produces colourful violet sheens under the sun.

Distribución y hábitat

Ocupan diversos ambientes y abarcan todo el país. Los bosques, las selvas, los palmares y las sabanas del norte contienen mayor número de especies y entre ellas todos los boyeros, el Chopí y el Matico. Varias alcanzan la Patagonia, (Varillero Ala Amarilla, Loica Común, Pecho Colorado), mientras que algunos no se alejan de esas áreas australes, como el Tordo Patagónico, que ronda el bosque andino. Algunas especies tienen amplias áreas de distribución y hábitats variados, como los Tordos Renegrido y Músico. Los varilleros y el Federal eligen bañados y sus cercanías.

Distribution and Habitat

They live in different habitats and are found throughout the country. Forests, rainforests, palm groves and savannas in the north are home to a greater number of species and among them are the Caciques, Chopi Blackbird and the Orange-backed Troupial. Several reach Patagonia (Yellow-winged Blackbird, Long-tailed Meadowlark, White-browed Blackbird), whereas some do not leave those southern areas, such as the Austral Blackbird, which can be found in the andean forests. Some species are widespread and adapt to a variety of habitats, such as the Shiny and Bay-winged Cowbirds. Most blackbirds choose wetlands and surrounding areas.

Arriba izquierda: Loica Común macho - *Sturnella loyca* - *Long-tailed Meadowlark: Above left.*
Arriba derecha: Loica Común hembra - *Sturnella loyca* - *Long-tailed Meadowlark: Above right.*
Izquierda: Federal - *Amblyramphus holosericeus* - *Scarlet-headed Blackbird: Left.*
Abajo izquierda: Tordo Músico - *Molothrus badius* - *Bay-winged Cowbird: Below left.*
Abajo derecha: Pecho Amarillo Común - *Pseudoleistes virescens* - *Brown-and-yellow Marshbird: Below right.*

Comportamiento

Pájaros sociables, se agrupan en bandadas invernales. Notables son las de los tordos, cuyas especies se mezclan en grupos bullangueros. También forman bandadas los pecho amarillos y los Charlatanes, único que migra del hemisferio norte, y los Varilleros Congo, que permanecen juntos aun para nidificar. Bulliciosos cantores, poseen voces agradables y variadas. Los Tordos Músicos, en grupos, emiten notas diferentes y en tiempos distintos, a semejanza de un ensayo orquestal. El más notable es el Chopí, también llamado "charrúa" o "tordo chaqueño", cuyo canto melódico y sus voces variadas, lo han convertido en un apetecido objeto de persecución, para aprisionarlo en jaulas. De allí su grave disminución, mismo destino que el del Federal, buscado más por su belleza que por su canto.
Omnívoros, consumen semillas, frutos, insectos, etc. La nidificación del grupo es muy interesante y tres de ellos ponen sus huevos en nido ajeno dejándolos al cuidado de los dueños. Ellos son el abundante Tordo Renegrido, el Tordo Pico Corto, que acompaña al Músico, y del que es parásito; y el Tordo Gigante, que pone sus huevos blancos en nidos de boyeros. Estos últimos construyen nidos en forma de bolsa o media, diferente para cada especie, pero unificados por su habilidad y la belleza del resultado.
Los demás integrantes del grupo elaboran semiesferas de fibra suave, similares a las de otras familias (Federal, varilleros) u ocupan oquedades o aprovechan nidos abandonados (Chopí, Tordo Músico). El Tordo Renegrido, parásito, pone huevos casi esféricos de muy diferentes tonos y manchas, e incluso blancos. Los demás, en número de tres o cuatro, los ponen de fondo claro con manchitas pardas. El fondo es a menudo celeste (Federal, Chopí, Varillero Congo).

Behaviour

They are sociable birds who form winter flocks. Cowbirds combine into noisy groups. Marshbirds and the Bobolink also form flocks; the latter is the only one which migrates from the northern hemisphere. Chestnut-capped blackbirds also flock often, even keeping together during the nesting season.
These birds are noisy singers with peasant and varied calls. Every bird in a flock of Bay-winged Cowbirds strikes different notes out of rhythm, much as a rehearsing orchestra. The most notable is the Chopi Blackbird, which having a melodious song and varied calls has become an object of desire, only to be locked away in cages. This is the cause of a marked population reduction of this species. The same applies to the Scarlet-headed Blackbird, sought more for its beauty than for its song.
They are omnivores, feeding on seeds, fruit, insects, etc. They have developed a very interesting group nest-building strategy. Three of them lay their eggs on nests belonging to others and leave them under the care of the nest owners. They are: the abundant Shiny and Screaming Cowbirds, the latter flocking with Bay-winged Cowbirds, of which it takes advantage, and the Giant Cowbird, which lays its white eggs in nests belonging to the caciques. These build their nests in the shape of an elongated basket or sock, each species having a different design, but demonstrating great skill and producing a beautiful result. The rest of the members of the group make semi-spherical nests of soft fibre, similar to those of other families (blackbirds) or occupy cavities or take advantage of abandoned nests (Chopi Blackbird and Bay-winged Cowbird).
The Shiny Cowbird, a brood parasite, lays almost spherical eggs of very different colours and spots, or even entirely white. The rest of them lay between three and four light-coloured eggs with small brownish grey spots. Eggs are often light blue (Scarlet-headed, Chopi and Chestnut-capped Blackbirds).

Abajo izquierda: Varillero Ala Amarilla - *Agelaius thilius* - *Yellow-winged Blackbird: Below left.*
Abajo derecha: Tordo Pico Corto - *Molothrus rufoaxillaris* - *Screaming Cowbird: Below right.*

Tordo Amarillo macho (arriba) y hembra (derecha)
Xanthopsar flavus
Saffron-cowled Blackbird male (above) and female (right).

El Tordo Amarillo fue símbolo de nuestros pajonales pampeanos. Hoy, esta bella reliquia de un pasado que fenece, se agrupa en restringidas áreas de la Mesopotamia. Los carceleros están al acecho para atraparlos. Quienes aman la vida natural velan también, pero para su preservación. Veremos quién vence.

The Saffron-cowled Blackbird was once a symbol of the reedbeds in the pampas. Today this beautiful relic from the past only gathers in restricted places of the Mesopotamian region, chased by those who wish to see them caged. Others, who love the natural world, strive to conserve them. It remains to be seen who emerges victorious.

Familias PLOCEIDAE - STURNIDAE

Familia PLOCEIDAE (Gorriones. 156 especies en el mundo, 1 sola introducida en la Argentina).
Familia STURNIDAE (Estorninos. 110 especies en el mundo, 2 introducidas en la Argentina).
Family PLOCEIDAE (Sparrows: 156 species worldwide; only one has been introduced in Argentina.)
Family STURNIDAE (Starlings: 110 species worldwide; two species have been introduced in Argentina.)

Identificación

El Gorrión, el pájaro más conocido, vive en pueblos y ciudades y camina y se alimenta en nuestras calles, veredas y parques. Por ello, su plumaje no debería describirse. Pero tal vez porque no es llamativo o por abundante, poco lo miramos. Pájaro chico, apenas mayor que el Chingolo con quien podría confundírselo, de pico aun más grueso, el macho muestra alas marrones con una línea blanca, corona y rabadilla grises y pechera negra, atributos inexistentes o muy deslucidos en la hembra, también blanca en la parte inferior.
Tanto el Estornino Pinto como el Estornino Crestado son apariciones recientes, desgraciadamente introducidos, porque se constituyen, en los países que habitan, en perturbadora plaga de los sembrados y en duros competidores de las especies nativas.
De 20 a 24 cm, algo mayores que un Tordo Renegrido, lo recuerdan por su vestuario casi negro, con puntos blancos en el Pinto y con un rulo frontal y notas de blanco en el Crestado, y en ambos, pico amarillo.

Identification

The House Sparrow, the most well-known of birds, dwells in towns and cities and walks and eats in streets, pavements and parks of Argentina. As such, its plumage needs no description. But perhaps because it is not eye-catching or because it is abundant, citizens do not look at it much. The House Sparrow is a small bird, slightly larger than the Rufous-collared Sparrow, with which it may be confused. It has an even thicker bill and the male displays brown wings with a white line, a grey crown and rump and black breast. These features are not present or are barely insinuated in the female, which also has pale underparts. The arrival of both the European Starling and the Crested Myna is recent. Their introduction is a great misfortune, because they become a damaging pest for sown fields and are also harsh competitors to the native species. Their size ranges from 7.8" to 9.4". They are slightly larger than the Shiny Cowbird, with an almost black plumage, white spots in the European Starling and with a frontal curl and a touch of white in the Crested Myna. Both have a yellow bill.

Distribución y hábitat

El Gorrión vive en áreas pobladas de todo el país, salvo las Malvinas.
Los estorninos, por el momento, sólo han invadido áreas costeras de la provincia de Buenos Aires, pero conocida su explosiva vitalidad no ha de sorprender hallarlos pronto, si fallan las políticas de exterminio, en áreas rurales y poblados de distintas partes del territorio.

Comportamiento

Los gorriones andan por el suelo en busca de semillas o restos de comida y para dormir, se acomodan en árboles frondosos de plazas y calles.
Ruidosos, su voz no es agradable. Su actividad sexual, en cambio, es notable, y a veces varios machos se disputan encarnizadamente una hembra. El nido lo ubican en huecos de edificios o en viejos nidos de Hornero, donde agregan paja. O elaboran una desordenada esfera de pastos, en árboles. Ponen cuatro o cinco huevos muy manchados de gris.
Los estorninos habitan dormideros grupales de donde bajan al suelo por semillas. Nidifican en huecos, a menudo expulsando otros pájaros. Ponen huevos blancos.

Distribution and Habitat

The House Sparrow dwells in populated areas across the country, except for the Malvinas (Falkland) Islands. At present, the European Starling and the Crested Myna have only invaded coastal areas in the province of Buenos Aires. However, their explosive vitality is well known, and if extermination policies fail, it would not be surprising if they were soon found in rural areas and towns in different parts of the country.

Behaviour

The House Sparrow is found on the ground searching for seeds or food leftovers. In order to sleep, it cuddles in leafy trees located along streets and squares.
It is a noisy bird with a call that is not particularly attractive. In contrast, its sexual activity is notable and sometimes, several males fiercely fight for a female. It places its nest in holes in buildings or in old nests belonging to the Rufous Hornero, to which it adds straw. Or it makes an untidy sphere of grass on trees. It lays four or five eggs with many grey spots.
The European Starling and the Crested Myna dwell in communal roosts from where they come to the ground in search of seeds. They nest in holes, often evicting other birds. They lay white eggs.

Izquierda: Estornino Pinto juvenil - *Sturnus vulgaris*
European Starling: Left.
Derecha: Gorrión - *Passer domesticus*
House Sparrow: Right.
Abajo: Estornino Crestado - *Acridotheres cristatellus*
Crested Myna: Below.

Bandada de Estorninos Pinto.
A European Starling flock.

¿Por qué fotografiar aves?

Son criaturas hermosas, interesantes en su comportamiento. Realizan en un corto tiempo, diversas actividades que pueden ser fotografiadas: caminar, alimentarse, beber, correr, pelear, defenderse, acicalarse, exhibirse, ocultarse, cortejar, construir el nido, copular y, sobre todo, volar.

Nos permite estar en contacto con la naturaleza, conocer y viajar a lugares diversos.

La Ornitología es una Ciencia, y la Fotografía de aves, un Arte.

Hay poesía y amor en la fotografía de aves en libertad.

Para los observadores de aves, es una fuente insustituible de información. La identificación de una nueva especie en un área no habitual requiere generalmente la confirmación fotográfica.

Para la Ornitología es una herramienta de trabajo en todos los campos, desde el estudio de las migraciones hasta la identificación de enfermedades, malformaciones u anomalías.

Se pueden observar aves con los amigos o en grupo.

La fotografía de aves no es una actividad o deporte colectivo. Es un pasatiempo perfecto para el individuo introvertido o reflexivo. Se practica en soledad o con unos pocos. Puede ser peligroso porque provoca primero placer, pero después adicción y obsesión.

Si le preguntamos a la mayoría de las personas: "¿qué es lo que más les gusta hacer?", sinceramente contestaría: "yo amo no hacer nada".

Observar aves es no hacer nada con pasión. Fotografiar aves es no hacer nada con pasión, pero volviéndose a casa con algo.

Marcelo Ruda Vega

Why Photograph Birds?

Birds are beautiful creatures, with an interesting behaviour. In a brief moment they can be seen performing a variety of activities which may be photographed: they walk, eat, drink, run, struggle, defend themselves, preen their feathers, display, hide, court, build their nests, copulate, and, last but not least, they fly.

Bird photography enables us to be in contact with nature, to visit and travel to different places.

Ornithology is a science, and bird photography, an art.

There is poetry and love in photographing birds in the wild.

For bird watchers, photographs can be an irreplaceable source of information. The identification of a new species, recording a bird outside its normal range, generally require photographic evidence.

For ornithology, bird photography is an irreplaceable tool used in every field, from the study of migration to the identification of diseases, malformations or anomalies.

Bird photography is not a team sport or activity. It is a perfect pastime for introverted or thoughtful individuals. It is done either alone or in the company of few. It has a dangerous side too, for at first it brings pleasure but then can become an addiction and an obsession.

If we were to ask people what it is they best like to do, their honest answer might be that they love to do nothing at all.

Watching birds is doing nothing, but with passion. Photographing birds is doing nothing, but with passion, and coming back home with something.

Marcelo Ruda Vega